CADERNO DE APRENDIZAGEM

VOLUME 5
ENSINO FUNDAMENTAL

LÍNGUA PORTUGUESA

IBEP
1ª edição
São Paulo — 2022

Caderno de Aprendizagem
5º ano
© IBEP, 2022

Presidência	Jorge Yunes
Diretora editorial	Célia Assis
Coordenadora editorial	Viviane Mendes Gonçalves
Editora	Adriane Gozzo
Assistentes editoriais	Daniela Venerando e Patrícia Mochon Ruiz
Revisoras	Denise Santos e Mauro de Barros
Coordenação do projeto	Rebeca Helangela Albuquerque Mendes
Supervisão da produção de conteúdo	Sarah Diva Ipiranga
Produção de conteúdo	Eliane Barbosa Taveira
Secretaria editorial e processos	Elza Mizue Hata Fujihara
Arte	Aline Benitez
Ilustração	José Luís Juhas | Ilustra Cartoon
Assistente de produção gráfica	Marcelo Ribeiro
Projeto gráfico e capa	Aline Benitez
Ilustração de capa	Vanessa Alexandre
Diagramação	Casa Editorial Maluhy & Co.

Impressão e Acabamento
Oceano Indústria Gráfica e Editora Ltda
Rua Osasco, 644 - Rod. Anhanguera, Km 33
CEP 07753-040 - Cajamar - SP
CNPJ: 67.795.906/0001-10

Dados Internacionais de Catalogação na
Publicação (CIP) de acordo com ISBD

I12c
IBEP - Instituto Brasileiro de Edições Pedagógicas

Caderno de Aprendizagem: Língua Portuguesa / IBEP - Instituto Brasileiro de Edições Pedagógicas. - São Paulo : IBEP - Instituto Brasileiro de Edições Pedagógicas, 2022.
176 p. : il. ; 20,5cm x 27,5cm. – (Caderno de Aprendizagem ; v.5)

ISBN: 978-65-5696-308-2 (aluno)
ISBN: 978-65-5696-309-9 (professor)

1. Ensino Fundamental Anos Iniciais. 2. Livro didático. 3. Língua Portuguesa. 4. Astronomia. 5. Animais. 6. Ciclo de vida. 7. Solo. 8. Som. 9. Luz. I. Título. II. Série.

2022-2782 CDD 372.07
CDU 372.4

Elaborado por Vagner Rodolfo da Silva - CRB-8/9410

Índice para catálogo sistemático:
1. Educação - Ensino fundamental: Livro didático 372.07
2. Educação - Ensino fundamental: Livro didático 372.4

1ª edição – São Paulo – 2022

IBEP

Rua Gomes de Carvalho, 1306, 12º andar, Vila Olímpia
São Paulo – SP – 04547-005 - Brasil – Tel.: (11) 2799-7799
www.editoraibep.com.br | editoras@ibep-nacional.com.br

APRESENTAÇÃO

Prezado estudante,

Este material foi elaborado para que você possa realizar diversas atividades de Língua Portuguesa para desenvolver mais ainda suas aprendizagens nessa disciplina.

O livro está organizado em sequências. Cada uma delas começa com um texto que pode ser um poema, uma cantiga, uma canção, uma parlenda e até uma imagem. Com base nele, você é estimulado a realizar várias atividades sobre o que entendeu desse texto e de outros aspectos ligados ao ensino de Língua Portuguesa, disciplina tão importante para a sua comunicação com o mundo.

Ao final, nosso Diário de Bordo registra os conhecimentos que foram tratados em cada sequência, permitindo que você os retome caso sinta necessidade.

Temos certeza de que o **Caderno de Aprendizagem** será um grande aliado em seu processo de desenvolvimento escolar.

Bons estudos!

Os editores.

SUMÁRIO

SEQUÊNCIA 1

VAMOS CONVERSAR!

Leia o poema concreto a seguir.

f o r m a
r e f o r m a
d i s f o r m a
t r a n s f o r m a
c o n f o r m a
i n f o r m a
f o r m a

GRÜNEWALD, José Lino. "Forma", 1959. *In:* _________.
Escreviver. 2. ed. São Paulo: Perspectiva, 2008.

1. No poema, qual palavra mais se repete?

____

2. Quais palavras têm como base o vocábulo **forma**?

____

3. Que tipo de imagem você consegue observar no poema "Forma"?

____

____

VAMOS ENTENDER!

1. No poema da seção anterior, o vocábulo **forma** é uma palavra primitiva ou derivada? Justifique sua resposta.

____

____

2. **Reforma**, **disforma**, **transforma** e **conforma** são vocábulos criados por um acréscimo ao início do vocábulo primitivo **forma**. A esse termo acrescentado, damos o nome de:

☐ sufixo. ☐ radical. ☐ prefixo.

3. Observe as palavras do poema de José Lino Grünewald formadas pelo acréscimo de prefixo.

Palavra	Prefixo	Significado
reforma	re-	repetição
disforma	dis-	separação, dificuldade
conforma	com-	cooperar, concordar
transforma	trans-	______________

- Qual é a ideia expressa pelo prefixo **trans-**? Assinale a alternativa correta e preencha o espaço em branco do quadro.

  ☐ Negação.

  ☐ Através, além de.

  ☐ Anterioridade.

4. Os sufixos são formados por um acréscimo ao final de uma palavra primitiva. Forme palavras derivadas, acrescentando a elas o sufixo **-(i)dade**.

Palavra primitiva	Palavra derivada
perverso	____________
solidário	____________
tranquilo	____________
real	____________
mal	____________
nacional	____________
sereno	____________

5. Complete as frases a seguir com palavras derivadas dos verbos destacados entre parênteses. **Atenção**: elas devem apresentar o sufixo **-(i)dade**.

a) A ____________ dos artistas é fenomenal. (criar)

b) Ele tem ____________ para aprender inglês. (facilitar)

c) Temos ____________ com a preservação do planeta. (responsabilizar)

d) O pai explicou ao filho o que é ____________. (moralizar)

e) O médico expôs aos familiares a ____________ de internação do paciente. (necessitar)

f) As orientações dos professores para o sarau literário tiveram muita ____________. (utilizar)

6. Acrescente os sufixos **-eza** ou **-esa** às palavras a seguir, formando substantivos.

a) rico ________________

b) barão ________________

c) esperto ________________

d) magro ________________

e) português ________________

f) forte ________________

g) chinês ________________

h) belo ________________

i) real ________________

j) marquês ________________

k) irlandês ________________

l) calabrês ________________

7. Leia mais um poema concreto.

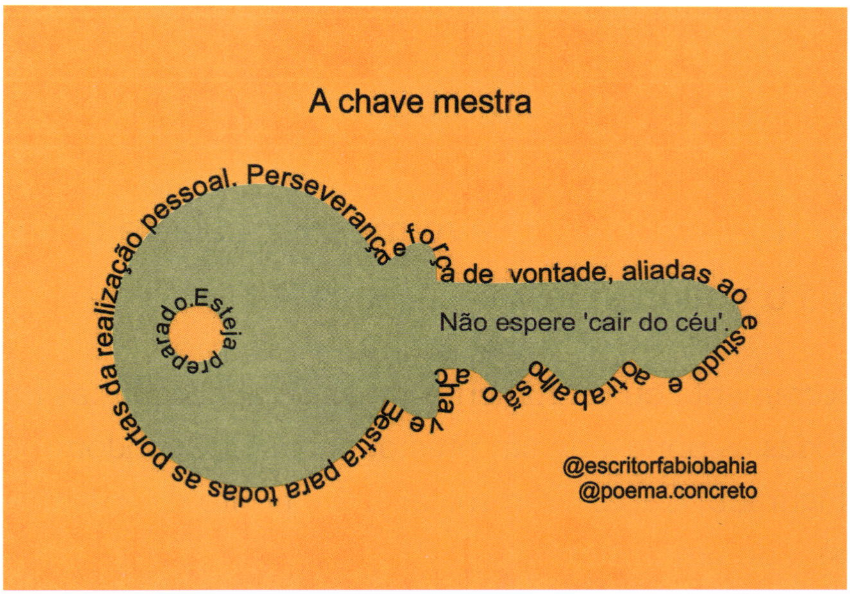

BAHIA, Fábio. "A chave mestra". Disponível em: https://www.recantodasletras.com.br/poesias-concretas/6649651. Acesso em: 7 mar. 2022.

a) Com base na palavra primitiva **chave**, podemos formar a palavra derivada **chaveiro**. Crie vocábulos derivados terminados com os sufixos **-ista** ou **-eiro** para cada palavra primitiva do quadro a seguir.

Palavra primitiva	Palavra derivada
borracha	______________
economia	______________
sorvete	______________
flauta	______________
açougue	______________
estética	______________
jornal	______________
pedra	______________
máquina	______________
ferro	______________
livro	______________
dente	______________
água	______________

b) Veja o significado de **chave mestra**, palavra composta que intitula o poema que você acabou de ler.

> Ferramenta ou instrumento capaz de abrir todas as fechaduras, de todas as portas, de um prédio, habitação, condomínio etc.
>
> [Figurado] Capaz de resolver tudo; ponto de resolução: chave mestra de um mistério.
>
> *DICIONÁRIO Online de Português.* Disponível em: https://www.dicio.com.br/chave-mestra/. Acesso em: 2 mar. 2022.

- Para o poeta, quais são as atitudes que formam a chave mestra para a vida?

____

____

Veja o que significa palavra composta.

Palavra composta é aquela formada por dois ou mais radicais, ligados ou não por hífen, que formam um termo com outro sentido.

No processo de formação de palavras chamado de **composição**, formamos uma palavra juntando duas ou mais já existentes.

Há dois processos de composição:

- **Justaposição**: junção de palavras que não sofrem alterações ao serem unidas. Exemplo: cachorro-quente.
- **Aglutinação**: ocorre quando um dos vocábulos sofre alterações ao ser unido a outro. Exemplo: fidalgo (filho + de + algo).

8. Utilize os substantivos do quadro de palavras a seguir para formar palavras compostas por **justaposição**.

pombo	prego	couve	samba	médico
flor	enredo	cirurgião	correio	macaco

____

____

____

9. Palavras compostas também são formadas pela junção de adjetivo e substantivo ou de substantivo e adjetivo. Observe os exemplos.

cachorro-quente (substantivo + adjetivo)
má-fé (adjetivo + substantivo)

- Separe as palavras compostas a seguir nas colunas corretas do quadro.

mesa-redonda verde-oliva
alto-mar sangue-frio
baixo-relevo lugar-comum

Substantivo + adjetivo	Adjetivo + substantivo
______________	______________
______________	______________
______________	______________

10. Escolha duas palavras compostas da atividade anterior e forme uma frase com cada uma delas.

a) ____

____

b) ____

____

11. Existem palavras compostas intermediadas por **preposição**, ligadas ou não por hífen. Exemplos: pimenta-do-reino e lua de mel. Complete as orações a seguir com a palavra composta adequada.

pé de moleque mula sem cabeça
joão-de-barro água-de-colônia

a) O ______________________ é uma ave típica do Brasil.

b) Vamos comprar ______________________ para as festas juninas.

c) Ana gosta do perfume suave da ______________________.

d) Meus avós me contavam histórias da ______________________, personagem do folclore brasileiro.

12. Sublinhe a palavra composta presente em cada frase a seguir.

a) O girassol é uma planta originária da América do Norte.

b) Rebeca nos contou seu passatempo preferido.

c) Seu malfeito durante a cerimônia foi percebido pelos pais.

d) Minha mãe aprecia comida agridoce.

e) O mandachuva do grupo quis atrapalhar a conversa.

f) João salta de paraquedas, mas tem medo de barata.

g) A professora pediu aos alunos que preenchessem o formulário de autoavaliação.

h) Escrevi meu nome e sobrenome na ficha de apresentação.

13. Observe o exemplo e forme palavras por **aglutinação**.

em + boa + hora = embora

a) plano + alto = ______

b) lobo + homem = ______

c) perna + alta = ______

d) pedra + óleo = ______

14. Das palavras a seguir, qual não perdeu nenhuma letra no processo de aglutinação?

- [ ] Madrepérola.
- [ ] Vinagre.
- [ ] Pernilongo.
- [ ] Aguardente.

15. No nosso vocabulário, há alguns termos gregos e latinos que ajudam a formar outras palavras. Observe os exemplos.

Geometria = geo (terra) + metria (medição)
Biologia = bio (vida) + logia (estudo)

- Forme palavras compostas com base nos radicais gregos e latinos apresentados a seguir.

micro cali crono grafia
demo fone metria cracia

____

16. Leia o poema concreto "Como as marés" e, em seguida, responda às questões.

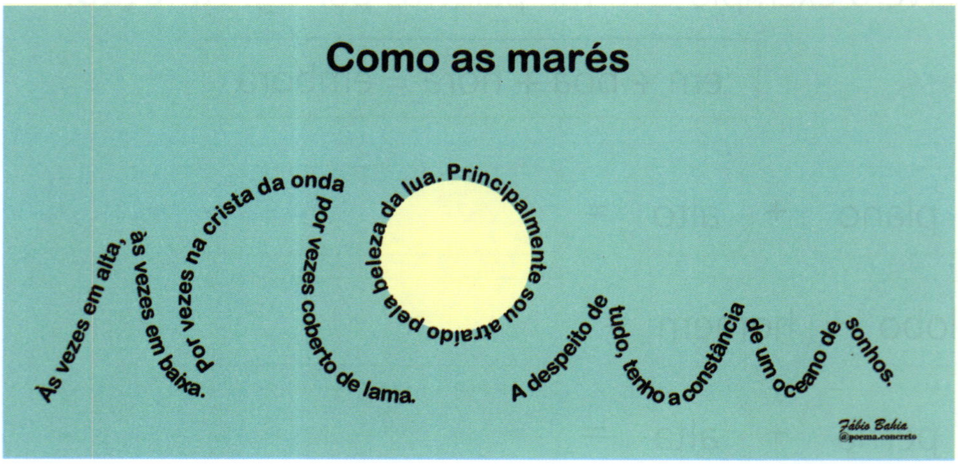

BAHIA, Fábio. "Como as marés". Disponível em: https://www.recantodasletras.com.br/poesias-concretas/6653188. Acesso em: 7 mar. 2022.

a) Qual é o objetivo da organização do poema?

b) Que outro elemento, além do movimento das ondas do mar, é possível ver no poema? Justifique sua resposta.

c) O que você entende por "Às vezes em alta, às vezes em baixa. Por vezes na crista da onda, por vezes coberto de lama"?

VAMOS ESCREVER!

- Nos espaços a seguir, crie três poemas concretos. A temática é livre. Use a imaginação.

DIÁRIO DE BORDO

Nestas atividades, você aprendeu:

- os elementos discursivos do gênero textual poema concreto;
- as palavras primitivas e derivadas;
- as palavras derivadas por acréscimo de prefixo e sufixo;
- o significado que prefixos e sufixos acrescentam às palavras primitivas;
- os principais processos de formação de palavras compostas: aglutinação e justaposição;
- as classes de palavras que podem formar palavras compostas (substantivo, verbo, adjetivo, preposição);
- a presença de radicais gregos e latinos na formação de palavras na língua portuguesa.

SEQUÊNCIA 2

VAMOS CONVERSAR!

Vamos ler um trecho de *O pequeno príncipe*, de Antoine de Saint-Exupéry, um dos romances mais famosos da literatura universal. Nele, o principezinho visita o asteroide 325, habitado por um rei solitário.

X

[...]

Mas o principezinho se espantava. O planeta era minúsculo. Sobre quem reinaria o rei?

– Majestade... eu vos peço perdão de ousar interrogar-vos...

– Eu te ordeno que me interrogues, apressou-se o rei a declarar.

– Majestade... sobre quem é que reinais?

– Sobre tudo, respondeu o rei, com uma grande simplicidade.

– Sobre tudo?

O rei, com um gesto discreto, designou seu planeta, os outros, e também as estrelas.

– Sobre tudo isso?

– Sobre tudo isso, respondeu o rei.

Pois ele não era apenas um monarca absoluto, era também um monarca universal.

– E as estrelas vos obedecem?

Sem dúvida, disse o rei. Obedecem prontamente.

Eu não tolero indisciplina.

Um tal poder maravilhou o principezinho. Se ele fosse detentor do mesmo, teria podido assistir, não a quarenta e quatro, mas a setenta e dois, ou mesmo a cem, ou mesmo a duzentos pores do sol no mesmo dia, sem precisar sequer afastar a cadeira! E como se sentisse um pouco triste à lembrança do seu pequeno planeta abandonado, ousou solicitar do rei uma graça:

– Eu desejava ver um pôr do sol... Fazei-me esse favor. Ordenai ao sol que se ponha...

– Se eu ordenasse a meu general voar de uma flor a outra como borboleta, ou escrever uma tragédia, ou transformar-se em gaivota, e o general não executasse a ordem recebida, quem – ele ou eu – estaria errado?

– Vós, respondeu com firmeza o principezinho.

– Exato. É preciso exigir de cada um o que cada um pode dar, replicou o rei. A autoridade repousa sobre a razão. Se ordenares a teu povo que ele se lance ao mar, farão todos revolução. Eu tenho o direito de exigir obediência porque minhas ordens são razoáveis.

– E meu pôr do sol? lembrou o principezinho, que nunca esquecia a pergunta que houvesse formulado.

– Teu pôr do sol, tu o terás. Eu o exigirei. Mas eu esperarei, na minha ciência de governo, que as condições sejam favoráveis.

– Quando serão? indagou o principezinho.

– Hein? respondeu o rei, que consultou inicialmente um grosso calendário. Será lá por volta de... por volta de sete horas e quarenta, esta noite. E tu verás como sou bem obedecido.

O principezinho bocejou. Lamentava o pôr do sol que perdera. E depois, já estava se aborrecendo um pouco!

– Não tenho mais nada que fazer aqui, disse ao rei. Vou prosseguir minha viagem.

[...]

SAINT-EXUPÉRY, Antoine. *O pequeno príncipe*. Disponível em: https://5ca0e999-de9a-47e0-9b77-7e3eeab0592c.usrfiles.com/ugd/5ca0e9_4f0dc25362284aa6b917c93a1e1708ba.pdf. Acesso em: 20 dez. 2021.

1. Quando o principezinho chega ao asteroide do rei solitário, o que lhe causa surpresa?

____

____

____

____

2. Leia o trecho a seguir em voz alta.

> Pois ele não era apenas um monarca absoluto, era também um monarca universal.

a) O que significa **monarca**?

____

b) Por que o narrador afirma que o rei era um monarca universal?

____

____

3. Qual posicionamento do rei desagradou ao pequeno príncipe?

____

4. Embora estivesse incomodado com o comportamento do rei, o que o pequeno príncipe aprendeu com ele?

____

VAMOS ENTENDER! !!!

1. Leia a frase a seguir em voz alta e assinale qual som a letra **x** representa na palavra em destaque.

> É importante realizarmos **exames** periódicos para sabermos do nosso estado de saúde.

- [ ] Som de **s**.
- [ ] Som de **ss**.
- [ ] Som de **z**.
- [ ] Som de **ch**.

2. Em qual dos grupos **todas** as palavras devem ser escritas com a letra **x**? Circule a alternativa correta.

a) E∗ercitar; trapé∗io; eterni∗ar.

b) E∗agerado; e∗igente; e∗ibido.

c) Ami∗ade; e∗ílio; e∗ótico.

3. Qual das frases apresenta uma palavra escrita com a letra **x**, mas com som de **z**?

- [ ] O extintor de incêndio está com defeito.
- [ ] O turista quer explorar o local.
- [ ] Ela é uma aluna exemplar.

4. Qual é a regra ortográfica que justifica a escrita das palavras **executar** e **exercício**?

- [ ] Emprega-se **x** quando temos a estrutura **ex** seguida de vogal.
- [ ] Emprega-se **x** depois de ditongos.

5. Observe as palavras destacadas no texto a seguir.

Ana Clara foi à feira e comprou alguns itens para iniciar a reeducação alimentar recomendada pela nutricionista. Uma de suas frutas preferidas é a **ameixa**. Ela também comprou **peixe**, pois prefere carne branca à carne vermelha.

- Qual é o som do **x** nas palavras em destaque?

- [ ] Som de **z**.
- [ ] Som de **ch**.
- [ ] Som de **cs**.
- [ ] Som de **s**.

6. Uma das regras ortográficas é o emprego do **x** após os ditongos. Assinale o grupo de palavras que segue essa regra.

- [ ] Feixe; caixa; trouxa.
- [ ] Frouxo; taxa; gueixa.
- [ ] Peixada; abacaxi; queixo.
- [ ] Xarope; eixo; baixo.

7. As palavras a seguir são escritas com **x**, **exceto** uma delas.

a) Complete os espaços.

encai_____ar pai_____ão

recau_____utar rebai_____ar

b) Copie a palavra que não é escrita com **x**.

____

8. Complete as lacunas do texto com as letras **l** ou **u**:

Minha avó decidi_____ ajudar o grupo do espaço cultura_____ do bairro. Ela preparo_____ vários pratos típicos de festa junina, colocou o aventa_____ e a to_____ca e sai_____ para vender os quitutes, a fim de arrecadar dinheiro para a reforma da sede.

9. Leia as orações a seguir, complete as palavras em destaque e indique nos quadrinhos a regra que justifica sua escrita com **l** ou **u**.

I. Quando a palavra indica ação (verbo), sua terminação é escrita com **u**.

II. Quando a palavra não indica ação, sua terminação é escrita com **l**.

☐ Joaquim viajo_____ para Sobral.

☐ Marcos é um menino lega_____.

☐ Comprei um canti_____ para usar na viagem.

☐ Ela beijo_____ os filhos com muito carinho.

☐ O pedreiro preciso_____ de mais tijolos para construir o galpão.

☐ O lenço_____ foi lavado por mim.

10. Os substantivos podem terminar com **l** ou **u**. Escreva o plural de cada substantivo a seguir.

a) degrau ____________________

b) céu ____________________

c) barril ____________________

d) girassol ____________________

e) pastel ____________________

f) pincel ____________________

g) troféu ____________________

h) pau ____________________

Algumas letras representam diferentes sons conforme a posição que ocupam nas palavras. É o que acontece com as letras **r** e **s**. Veja, a seguir, algumas regras para seu uso.

- Em início de palavras, usa-se apenas um **r**, que apresenta som mais forte. Exemplos: rótulo, rato, rede.
- No meio de palavras, usa-se apenas um **r** quando ele estiver entre uma vogal e uma consoante, ou vice-versa. Exemplos: Israel, acervo.
- Entre duas vogais, usa-se **r** com som vibrante. Exemplos: carona, barulho.
- Usa-se **rr** sempre no meio de palavras, entre duas vogais, quando tiver som de **r** inicial. Exemplos: macarronada, cachorro.
- Não se iniciam palavras com **rr**.

11. Leia as palavras em destaque e escreva de acordo com a respectiva regra.

> **I.** Devemos ter cuidado aqui, pois **ocorrem** muitas **correntes** de vento.
>
> **II.** Na **areia** da praia, também podemos encontrar animais **marinhos**.
>
> **III.** Naquela **região**, o **rio** era muito **raso**.

a) Palavras com **r** inicial e som forte.

____

b) Palavras com **r** entre vogais.

____

c) Palavras com **rr** entre vogais, com som forte, idêntico ao **r** inicial.

____

12. Segundo a regra, usamos apenas um **r** entre uma vogal e uma consoante, ou vice-versa. No trecho a seguir, identifique e sublinhe a palavra que se encaixa nesse uso.

> Você já foi à praia? Percebeu que a água está sempre em movimento?

13. Leia com atenção e em voz alta as palavras a seguir e faça o que se pede.

a) Complete as palavras com **r** ou **rr**.

pi_____ueta	beze_____o	te_____a
ba_____co	_____elevo	po_____ta
pa_____âmetro	ga_____agem	_____aio

áspe_____o _____ochedo pe _____ engue

fe_____o cu_____va

ca_____uagem

b) Com base na atividade anterior, escreva as palavras conforme solicitado.

r inicial: ____________________

rr: ____________________

r entre vogais: ____________________

r entre vogal e consoante: ____________________

Veja, agora, algumas regras para o emprego da letra **s**.

- Usa-se **s** no início de palavras. Exemplos: sino, sonolento.
- Usa-se **s** entre consoante e vogal. Exemplos: concurso, percurso.
- Usa-se **s** entre vogais, desde que represente o som de **z**. Exemplos: camisa, casa.
- Usa-se **ss** entre vogais, desde que represente o som de **s**. Exemplos: profissão, confissão.
- Não se iniciam palavras com **ss**.

14. Leia as palavras em destaque e escreva de acordo com a respectiva regra.

I. Tudo de que precisamos: sol, areia, **diversão**!

II. Nem **sempre** há **necessidade** de acordar cedo.

III. Ler bastante: **isso significa** que você é um leitor nota 10!

a) Palavra com **s** entre consoante e vogal. ____________________

b) Palavras com **s** inicial. ____________________

c) Palavras com **ss** e som de **s**. ______________________________

15. Segundo a regra, empregamos a letra **s** entre vogais quando ela representa o som de **z**. Na frase a seguir, sublinhe duas palavras que se encaixam nessa regra.

Naquelas praias paradisíacas, tomamos muito banho de mar. Por isso, o estresse desapareceu!

16. Distribua as palavras a seguir nas colunas do quadro.

raso ecossistema coisa selva visão saber
cansaço selvagem camisaria maresia

Palavras com som de S	Palavras com som de Z
______________	______________
______________	______________
______________	______________
______________	______________
______________	______________

17. Complete os espaços em branco:

a) com **s** ou **ss**.

No Ceará, há uma re_____erva extrativista chamada de Prainha do Canto Verde, no município de Beberibe, que se dedica à pe_____ca arte_____anal. O local po_____ui grande diver_____idade de peixes. Os moradores protegem o ambiente marinho e os intere_____es da comunidade tradicional.

b) com **r** ou **rr**.

Atitudes devem ser tomadas em prol da prese_____vação dos oceanos. Cada um de nós pode fazer algo pa_____a proteger a natu_____eza. Devemos ter cuidado com o descarte de lixo plástico, como ga_____afas desca_____táveis. Todo esfo_____ço é importante para possibilitar a _____ecuperação do ecossistema ma_____inho.

18. A letra **h** inicial está presente em muitas palavras do nosso dia a dia. Exemplos: homem, hospital, hipótese. Leia a frase a seguir e sublinhe as palavras escritas com **h** inicial.

Há toneladas de lixo espalhadas por todos os cantos do planeta. Isso é resultado da ação humana. Por essa razão, precisamos fazer algo urgentemente; afinal, somos habitantes deste planeta, e nosso futuro depende do que fizermos hoje.

19. Complete as frases com as palavras do quadro, de acordo com o contexto.

harpa	helicóptero	Hugo	hiena	horta
humor	Helena	hambúrguer		

a) A _______________ será revitalizada pela comunidade.

b) Todos os alunos conheciam a diretora _______________.

c) A jovem tocava _______________ com muita delicadeza.

d) O ator comprou um _______________ de 15 milhões de reais.

e) A _______________ é um animal astucioso.

f) _______________ era meu melhor amigo.

g) Precisamos viver com uma boa dose de ________________.

h) Os adolescentes compraram ______________________ de ervilha.

20. Qual dos itens a seguir apresenta uma regra sobre o uso do **h** no início de palavras?

- [ ] O **h** inicial não apresenta som quando está no início das palavras.
- [ ] Após o **h** inicial nunca aparecem vogais.

21. Reescreva as frases a seguir, corrigindo as palavras grafadas de forma incorreta.

a) Hoje, fui ao ospital visitar minha ssogra. Ela teve um problema nos vazos sanguíneos, mas hagora pasa bem.

____

____

b) A aniverssariante arrazou no traje: um vestido xeio de brilho, misangas e muita renda!

____

____

c) Lua cheia, corassão ssorridente: asim falou o omem sélebre.

____

d) A xuva enxeu o quintal de posas de água.

____

e) Tive medo do enchame de abelhas!

____

VAMOS ESCREVER!

Leia mais um trecho de *O pequeno príncipe*.

[...]

– Tu não és daqui, disse a raposa. Que procuras?

– Procuro os homens, disse o principezinho – Que quer dizer “cativar”?

– Os homens, disse a raposa, têm fuzis e caçam. É bem incômodo! Criam galinhas também. É a única coisa interessante que eles fazem – Tu procuras galinhas?

– Não, disse o principezinho. Eu procuro amigos. Que quer dizer “cativar”?

– É uma coisa muito esquecida, disse a raposa. Significa “criar laços”.

– Criar laços?

– Exatamente, disse a raposa. Tu não és ainda para mim senão um garoto inteiramente igual a cem mil outros garotos. E eu não tenho necessidade de ti. E tu não tens também necessidade de mim. Não passo a teus olhos de uma raposa igual a cem mil outras raposas. Mas, se tu me cativas, nós teremos necessidade um do outro. Serás para mim o único no mundo. E eu serei para ti única no mundo...

DIVULGAÇÃO

– Começo a compreender, disse o principezinho.

[...]

SAINT-EXUPÉRY, Antoine. *O pequeno príncipe*. Disponível em: https://5ca0e999-de9a-47e0-9b77-7e3eeab0592c.usrfiles.com/ugd/5ca0e9_4f0dc25362284aa6b917c93a1e1708ba.pdf. Acesso em: 20 dez. 2021.

- Elabore um pequeno texto explicando o que significa, para você, **cativar**. Pode ser um texto narrativo ficcional, em que você cria uma pequena história, ou um texto dissertativo, em que você expõe e justifica sua opinião.

DIÁRIO DE BORDO

Nestas atividades, você aprendeu:

- a identificar um texto narrativo ficcional (trecho de romance);
- o uso de **x** e **ch**; **l** e **u**; **r** e **rr**; **s** e **ss**; **h** inicial.

SEQUÊNCIA 3

VAMOS CONVERSAR!

Leia a resenha crítica a seguir.

Ratazan e o sorriso escondido

ORIOL SAN JULIAN/SHUTTERSTOCK

Olá, pessoal, tudo bem? Cá estou hoje aqui para trazer a vocês uma indicação diferente de leitura. Pois bem, quero falar sobre o livro infantil “Ratazan e o sorriso escondido”, de Henrique German. Isso mesmo, o autor brasileiro de romances e livros de contos também escreve livros infantis. [...]

Bom, esse é um resumo bem resumido da história, que é curta mesmo (37 páginas), mas muito colorida e ilustrativa. Aliás, as ilustrações são de Mariana Tavares. A indicação da leitura é para crianças a partir dos 4 anos. Contudo, fico feliz em dizer que meu sobrinho de 2 anos adorou conhecer o Ratazan. Isso porque ele pode não ter entendido a história, mas ele conseguiu captar algumas palavras, e as ilustrações ajudam muito.

[...]

E devo dizer que a história em si desse livro é bem interessante também. Afinal, é uma história de amor, autoestima e família. A narrativa é clássica, eu diria. E nem precisa ser original, só precisa entreter e fazer a criança prestar atenção, se divertir também.

E, nesse ponto, afirmo com tranquilidade que ele cumpre seu papel. É a história de alguém (no caso um animal) que tem lá seus problemas de aparência, mas que se dispõe a cuidar mais de si quando o amor surge no horizonte.

[...]

Sim, "Ratazan e o sorriso escondido" conquista pela narrativa fácil de ler e por uma história curiosa, ainda que curta, mas recheada de aventuras. E mesmo para um livro infantil, Henrique German nos presenteia com muitos detalhes e uma escrita instigante. Então, fica aqui, novamente, minha indicação para que você adquira esse livro e leia para seus filhos/netos/sobrinhos/primos/irmãos etc. etc. Para mim, são livros como esse que ajudam a incentivar a leitura desde cedo. E todos concordamos sobre os benefícios disso, certo?

Enfim, galera, é isso. Espero que tenham gostado dessa resenha/indicação. E nos vemos na próxima!

OLIVEIRA, Douglas. Indicação: Ratazan e o sorriso escondido – Henrique German. *Estação Imaginária*, 29 jun. 2021. Disponível em: https://estacaoimaginaria.com/locomotiva-literaria/indicacao-ratazan-e-o-sorriso-escondido/. Acesso em: 21 dez. 2021.

1. Quais informações mais técnicas sobre o livro indicado encontramos nos dois primeiros parágrafos da resenha?

____

____

2. Entre os enunciados a seguir, assinale aquele que apresenta, de forma resumida, o assunto do livro resenhado.

☐ "Bom, esse é um resumo bem resumido da história, que é curta mesmo (37 páginas), mas muito colorida e ilustrativa."

☐ "E devo dizer que a história em si desse livro é bem interessante também."

( ) "É a história de alguém (no caso um animal) que tem lá seus problemas de aparência, mas que se dispõe a cuidar mais de si quando o amor surge no horizonte."

( ) "A narrativa é clássica, eu diria."

3. Uma das características da resenha crítica é a exposição de opiniões positivas ou negativas sobre determinado produto ou objeto. No caso da resenha desta seção, o resenhista apresenta argumentos para convencer o público a ler o livro *Ratazan e o sorriso escondido*. Identifique e transcreva um desses argumentos.

____

____

4. No último parágrafo, ao finalizar a resenha, o autor conversa com os leitores no registro:

( ) formal. ( ) informal.

5. Qual palavra ou expressão foi utilizada para justificar sua resposta à atividade anterior?

____

VAMOS ENTENDER! !!!

Você sabe qual é a diferença entre frase e oração? Leia a explicação a seguir.

Frase é todo enunciado com sentido completo, com ou sem verbo.
As frases que não apresentam verbos são denominadas **frases nominais**.

Exemplo: Que manhã maravilhosa!
As frases que apresentam verbos são denominadas **frases verbais**.
Exemplo: O atleta **conquistou** a medalha de ouro.
Oração é a frase que apresenta verbos ou locuções verbais.
Exemplos: O cientista **divulgará** suas pesquisas.
O estacionamento **foi reformado** pelo proprietário da loja.

1. Leia o enunciado em voz alta e assinale **V** (verdadeiro) ou **F** (falso) para as afirmativas a seguir.

Olá, pessoal, tudo bem?

- ( ) Trata-se de uma frase.
- ( ) O enunciado pode ser classificado como oração.
- ( ) O enunciado é uma frase nominal.
- ( ) O enunciado é uma frase verbal.

2. Leia o fragmento de texto a seguir e responda:

Pois bem, quero falar sobre o livro infantil "Ratazan e o sorriso escondido", de Henrique German.

- O fragmento acima é uma frase verbal ou nominal? Justifique.

____

____

3. Leia atentamente as orações a seguir e faça o que se pede.

a) Sublinhe os verbos.

I. "Cá estou hoje aqui para trazer a vocês uma indicação diferente de leitura."

II. "Aliás, as ilustrações são de Mariana Tavares."

III. E mesmo para um livro infantil, Henrique German nos presenteia com muitos detalhes e uma escrita instigante."

IV. "A narrativa é clássica, eu diria."

V. "Afinal, é uma história de amor, autoestima e família."

b) Quais dos enunciados da atividade anterior apresentam mais de uma oração?

____

____

4. O enunciado a seguir é considerado frase, mas não oração. Por que isso ocorre?

A história de *Ratazan e o sorriso escondido.*

____

____

5. Observe a frase a seguir.

> Então, fica aqui, novamente, minha indicação para que você adquira esse livro e leia para seus filhos/netos/sobrinhos/primos/irmãos etc. etc.

a) Quais são os verbos presentes no trecho?

____

b) Há quantas orações?

____

Classificação dos períodos

As frases podem ser formadas por uma ou mais orações. Quando há apenas uma oração, denomina-se **período simples**; quando há mais de uma oração, denomina-se **período composto**.

6. Classifique os períodos a seguir em simples ou compostos.

a) "Isso mesmo, o autor brasileiro de romances e livros de contos também escreve livros infantis."

☐ Período simples. ☐ Período composto.

b) "E devo dizer que a história em si desse livro é bem interessante também."

☐ Período simples. ☐ Período composto.

7. Classifique as frases a seguir em **verbal** ou **nominal**.

a) Muito linda essa paisagem!

☐ Verbal. ☐ Nominal.

b) A enfermeira realizou o procedimento de forma adequada.

☐ Verbal. ☐ Nominal.

c) A criança assustou-se com a fantasia de monstro.

☐ Verbal. ☐ Nominal.

d) Magnífico pôr do sol!

☐ Verbal. ☐ Nominal.

e) Não me convidaram para o casamento.

☐ Verbal. ☐ Nominal.

Agora, vamos estudar o parágrafo. Você sabe o que é e como usar?

Parágrafo é a divisão de um texto escrito em blocos de ideias que organizam os sentidos do texto e facilitam a leitura. É marcado pelo início recuado, afastado da linha de margem da folha.

8. Volte à resenha crítica da seção **Vamos conversar!** e indique quantos parágrafos ela tem.

- [ ] 5 parágrafos.
- [ ] 6 parágrafos.
- [ ] 7 parágrafos.

9. Graficamente, como se inicia e termina cada parágrafo?

____

____

10. Marque **V** (verdadeiro) ou **F** (falso) para as afirmações a seguir.

- [ ] O emprego do parágrafo deixa as informações do texto desordenadas.
- [ ] Cada parágrafo apresenta uma nova ideia sobre o tema tratado.
- [ ] Um espaçamento à esquerda do texto é uma forma de reconhecer o parágrafo.
- [ ] Todo parágrafo apresenta uma ideia principal.

11. Reescreva o texto a seguir, dividindo-o em parágrafos.

Um dos livros mais marcantes da minha infância foi *O mistério da fábrica de livros*, de Pedro Bandeira. Guardo preciosas lembranças dessa obra que me emocionou e me fez compreender um pouco como se produz um livro. A história apresenta a personagem Laurinha, uma menina sonhadora que vive no mundo das emoções. Ela vive as sensações do primeiro amor e a primeira decepção amorosa. *O mistério da fábrica de livros* é uma obra muito inspiradora, que também aborda aspectos como a superação de adversidades e a preservação ambiental, já que árvores são derrubadas para a produção de papel. Uma maravilhosa obra infantojuvenil!

Além da oração, do período e do parágrafo, há outras formas de **organização textual** muito importantes para a compreensão dos sentidos: o **discurso direto** e o **discurso indireto**.

No **discurso direto**, os personagens conversam entre si de forma direta.

Exemplo:

– Adivinhem o que vocês levarão para o lanche?
– Com certeza, muita fruta e suco!

No **discurso indireto**, um narrador conta os fatos ocorridos e apresenta as falas dos personagens.

Exemplo: A mãe disse que as crianças levariam fruta e suco para o lanche.

12. Leia os textos a seguir e marque **D** para **discurso direto** e **I** para **discurso indireto**.

( ) Meus familiares afirmaram que viajarão para o Rio de Janeiro nas festas de fim de ano.

( ) – Olá! Você conhece algum eletricista que possa me indicar?

( ) Todos os pacientes disseram que estão gratos à equipe médica.

( ) – Avise-me o horário da festa, por favor!

13. Passe as orações a seguir do discurso direto para o discurso indireto.

a) A mãe afirmou ao filho:
– Acredito que você falou a verdade.

____

____

b) Os agricultores disseram:
– Neste ano, a safra será excelente.

____

____

c) Assustadas, as jovens gritaram:
– Socorro!

____

____

d) Sempre que possível, a senhora aconselhava o genro:
– Seja mais paciente, rapaz!

____

____

14. Agora, passe as orações a seguir do discurso indireto para o discurso direto.

a) O jovem engenheiro disse ao chefe que havia terminado o trabalho.

____

____

____

b) As atletas confessaram aos treinadores que estavam muito cansadas.

____

____

____

c) O menino convidou o amigo para jogar futebol.

____

____

d) A veterinária afirmou que precisava fazer novos exames no animal.

____

____

____

No **discurso direto**, o narrador faz a transcrição literal das falas das personagens. Observe duas possibilidades de utilizar o discurso direto.

Ana falou ao marido:

– Você precisa praticar atividade física.

– Você precisa praticar atividade física – falou Ana ao marido.

15. Empregue a segunda possibilidade nas frases a seguir.

a) A atendente argumentou:
– Não há mais vaga para atendimento hoje.

____

____

____

b) O aluno respondeu ao professor:
– Amanhã apresentarei a pesquisa.

____

____

____

Outra marca específica do **discurso direto** é a reprodução da fala do personagem entre aspas, logo após os dois-pontos, sem mudança de linha.

Exemplo: Então o vendedor gritou: "Dez laranjas por dois reais!".

16. Reescreva as frases a seguir utilizando as aspas e fazendo as alterações necessárias.

a) O garçom perguntou:
– Em que posso ajudar?

____

____

b) O árbitro da final do campeonato mundial declarou:
– Todas as faltas ocorridas em campo foram registradas na súmula.

____

____

____

Os **verbos de elocução** estão presentes tanto no discurso direto como no discurso indireto. São empregados para indicar as falas dos personagens e fornecer pistas ao leitor em relação às suas atitudes.

Exemplos de verbos de elocução: falar, afirmar, exclamar, responder etc.

17. Identifique os verbos de elocução das frases a seguir que estão no discurso indireto. Observe o exemplo:

a) O diretor declarou que haverá curso de teatro.
Verbo de elocução: declarou.

b) Eu disse que organizaria a cerimônia de casamento.

Verbo de elocução: ______________________________.

c) A jornalista perguntou se o ator estava trabalhando em um novo projeto.

Verbo de elocução: ______________________________.

d) O menino negou que estivesse ofendendo o amigo.

Verbo de elocução: ______________________________.

VAMOS ESCREVER!

1. Escolha um filme, um livro, uma série ou uma peça de teatro de que tenha gostado muito e escreva uma pequena resenha. Não se esqueça de informar os detalhes técnicos (autoria, duração ou número de páginas, atores, número de temporadas etc.), fazer um resumo do tema e apresentar argumentos para convencer o leitor de que o objeto artístico-cultural resenhado tem valor. Sua resenha deve ter, no mínimo, dois parágrafos.

2. Observe a imagem a seguir e, com base nela, produza um pequeno texto em discurso direto.

DIÁRIO DE BORDO

Nestas atividades, você aprendeu:

- os elementos discursivos do gênero textual resenha crítica;
- a organização do texto em frase, oração e parágrafo;
- os tipos de discurso e suas características: discurso direto e discurso indireto.

SEQUÊNCIA 4

VAMOS CONVERSAR!

Leia a reportagem a seguir.

Jovens de Manaus desenvolvem projeto que leva astronomia a escolas públicas

SRIPFOTO/ SHUTTERSTOCK

Universitários de Manaus estão desenvolvendo um projeto social voluntário para levar astronomia e ciência a escolas públicas da cidade. A iniciativa conta com o apoio da Olimpíada Brasileira de Astronomia e Astronáutica (OBA) e foi selecionada para ser apresentada durante o 2º Simpósio em Atividades de Educação Espacial [...], na Hungria. [...]

O Projeto Cosmos, como foi intitulado, surgiu em 2015 e é desenvolvido por jovens universitários. O objetivo é promover a ciência de uma forma divertida e difundir a astronomia, assim como conhecimentos de matemática, física, química e outras disciplinas. Eles organizam aulas interativas, com o uso de recursos variados como oficinas, experimentos, vídeos e desafios. [...]

"Astronomia é uma ciência que não está na grade curricular como disciplina. Ela aparece diluída em outras matérias como geografia e física. E nem sempre é abordada", diz Ingrid Celeste, coordenadora do projeto. Para ela, a astronomia é uma ciência base que permite entender melhor o mundo em nossa volta.

As atividades mobilizam 25 voluntários de diversos cursos como engenharia de computação, química, física, matemática e enfermagem. Os universitários também atuam na preparação de sete turmas para competirem na OBA. Trata-se da maior olimpíada científica do Brasil.

[...]

A iniciativa envolve ainda palestras, oficinas e eventos em comunidades, onde são organizadas "brincadeiras espaciais". Neste ano, o grupo planeja criar um canal na plataforma de vídeos YouTube, onde veicularão gratuitamente algumas aulas, e também darão sequência às pesquisas científicas sobre suas metodologias de ensino.

AGÊNCIA BRASIL. Jovens de Manaus desenvolvem projeto que leva astronomia a escolas públicas. *Época Negócios*, 31 mar. 2018. Disponível em: https://epocanegocios.globo.com/Tecnologia/noticia/2018/03/jovens-de-manaus-desenvolvem-projeto-que-leva-astronomia-escolas-publicas.html. Acesso em: 12 maio 2022.

1. Qual é o tema da reportagem lida?

____

____

____

2. Qual é o objetivo principal da reportagem?

____

____

____

3. Em que veículo de comunicação a reportagem foi publicada?

____

4. Marque **V** (verdadeiro) ou **F** (falso) para as frases a seguir sobre a reportagem.

- [ ] Observa-se o uso de título e subtítulo.
- [ ] As informações apresentadas são baseadas em investigação e documentação.
- [ ] As reportagens são publicadas em jornais e revistas impressos ou em meios digitais.
- [ ] Foram utilizadas gírias e outras marcas de oralidade no texto.

5. Qual é o objetivo do projeto Cosmos?

____

____

____

6. Além das aulas, os voluntários do projeto promoverão qual(is) outra(s) atividade(s)?

____

____

VAMOS ENTENDER! !!!

A **pontuação** é um recurso da escrita que ajuda a dar sentido a um texto. Pausas e entonações que utilizamos na fala são representadas na escrita pelos sinais de pontuação. Vamos relembrar o estudo da vírgula, do ponto e vírgula e dos dois-pontos.

A **vírgula** tem como objetivo:

- separar orações. Exemplo: Quando a música começou, as crianças ficaram felizes.
- isolar o chamamento (vocativo) do restante da frase. Exemplo: Meu amor, venha logo!
- separar itens de uma enumeração. Exemplo: Levarei tinta, pincel, tesoura e cola.
- destacar explicações. Exemplo: Ana e Pedro, meus dois filhos mais velhos, já estão na faculdade.
- separar local e data. Exemplo: Fortaleza, 25 de janeiro de 2022.

O **ponto e vírgula** indica uma pausa maior que a vírgula e separa elementos de orações mais longas que já tenham vírgulas ou itens de enumeração. Exemplo: Gosto de esportes; minha amiga, de leitura; minha irmã, de dança.

Os **dois-pontos** são usados para indicar uma pausa no texto, seja para iniciar o discurso direto, seja para apresentar uma enumeração ou explicação. Exemplo: Três profissionais participarão do projeto: um arquiteto, um engenheiro e um paisagista.

1. Reescreva as frases a seguir, empregando corretamente a vírgula.

a) É necessário comprar tecidos linhas elásticos fita métrica e tesoura.

____

____

b) Paulo Sara Vítor e Lucas gostam de competições esportivas.

____

____

c) Não entendo minha querida mãe por que não quer viajar comigo.

____

____

d) Veja a localização e a data do evento: Recife 12 de março de 2022.

____

____

e) Meu padrinho um grande poeta é um homem encantador.

____

____

2. Pontue corretamente as frases que apresentam **vocativo**.

a) Lucas você falou com seu irmão?

b) Não me assuste querida!

c) Quero muito viajar com você meu amigo.

d) Ângela preciso conversar com você.

3. Leia, em voz alta, a frase a seguir.

Antônio e José, meus melhores amigos, me ajudam bastante.

a) Que regra justifica o emprego da vírgula na frase acima?

____

____

b) Identifique, na reportagem da seção **Vamos conversar!**, um exemplo do uso da vírgula nessa mesma situação.

____

____

4. Leia o diálogo a seguir.

O pai parou o carro e perguntou ao filho:
– Você quer ir ao cinema comigo, hoje, filho?
O garoto, rapidamente, respondeu:
– Só se for agora, pai! Vamos?

- No trecho destacado, os dois-pontos iniciam:

☐ uma dúvida do garoto.

☐ a fala do garoto.

☐ uma explicação exigida pelo pai.

☐ uma reclamação do menino.

5. Nas frases a seguir, faltam vírgulas e dois-pontos. Reescreva-as, empregando os sinais de pontuação adequados.

a) Minha filha me pediu alguns presentes estojo de maquiagem sandálias vestidos e perfume.

____

____

b) Alunos pais professores e coordenadores decidiram isto fazer uma campanha de conscientização contra a violência doméstica.

____

____

6. O ponto e vírgula é utilizado para separar orações quando notamos uma pausa maior no texto. Em cada item a seguir, reescreva a frase, empregando o ponto e vírgula corretamente.

a) Queremos que tudo se resolva necessitamos, porém, que nos ajude.

____

____

b) Prefiro Arte meu amigo, Religião e meu irmão, Sociologia.

____

7. Observe as orações a seguir.

I. Ana tem três filhos; sua irmã; dois e seu irmão; quatro.

II. Conheço três importantes pontos turísticos: o Coliseu, na Itália; o Taj Mahal, na Índia; o Cristo Redentor, no Brasil.

a) Sublinhe a frase em que o ponto e vírgula foi usado **incorretamente**.

b) Reescreva a frase que você indicou no item **a**, corrigindo-a.

____

____

Vamos conhecer mais alguns sinais de pontuação.

As **reticências** indicam interrupção intencional da frase em razão de hesitação, dúvida ou suspense do falante, ideia de continuidade, entre outros efeitos de sentido. Também são usadas para indicar supressão de um trecho do texto.

Exemplo: Eu queria falar, mas...

As **aspas**:

- ressaltam frases, palavras ou expressões do texto. Podem vir no início e no fim de uma citação direta.

Exemplo: "Tudo vale a pena quando a alma não é pequena" (Fernando Pessoa);

- podem destacar estrangeirismos.

Exemplo: Preciso do "feedback" do gerente da loja;

- marcam o discurso direto no texto.

Exemplo: Ela afirmou: "Não admito desonestidade";

- podem ser usadas usadas em títulos de obras literárias.

Exemplo: O aluno leu "As aventuras de Robin Hood";

- são usadas para expressar ironia.

Exemplo: Que bom que você se acha muito "esperto"!

Os **parênteses**:

- isolam palavras ou frases que acrescentam informações complementares ao texto, as quais podem ser eliminadas sem prejuízo de sentido.

Exemplo: Nossa tia (uma grande profissional do ramo da moda) nos convidou para o desfile;

- destacam dados biográficos, como ano de nascimento e morte.

Exemplo: Michael Jackson (1958-2009);

- destacam dados bibliográficos, ou seja, informações sobre autor e ano de uma obra literária. Exemplo: Adorei ler *Memórias póstumas de Brás Cubas* (1881);
- indicam diferentes gêneros (masculino / feminino) e número (singular / plural).

Exemplos: livro(s); aluno(a).

8. Leia o diálogo a seguir e assinale o item que justifica o uso das reticências no trecho em destaque.

– Bom dia, minha amiga!
– Bom dia, João!
– Por que você está tão feliz?
– Porque voltei à minha cidade natal para visitar meus pais, irmãos, tios...

☐ Indicar a interrupção do pensamento.

☐ Indicar a conclusão do pensamento.

9. Entre as frases a seguir, circule aquela que apresenta as reticências com a intenção de destacar algo.

a) Eu nem sei o que...
b) Na África, ela estudou, trabalhou, fez novas amizades...
c) Sua voz é... maravilhosa!
d) Bem... como é mesmo o nome?

10. Em qual frase o uso das reticências gera mudança de entonação para expressar suspense?

- [ ] Ela abriu o guarda-roupas e... encontrou algo muito estranho!
- [ ] Ela abriu o guarda-roupas e encontrou: meias, roupas...

11. Faça a correspondência entre as frases que empregam aspas e as justificativas para seu uso.

a) Descobri um sistema de "backup" excelente.

b) "Liberdade é pouco. O que desejo ainda não tem nome" (Clarice Lispector).

c) A médica perguntou: "Você sente dores?".

d) Recebi uma "linda" resposta ao meu pedido de aumento salarial.

- [ ] Usam-se aspas para indicar ironia.
- [ ] Usam-se aspas para indicar o discurso direto.
- [ ] Usam-se aspas no início e no fim de uma citação direta.
- [ ] Usam-se aspas para indicar estrangeirismos.

12. Empregue as aspas corretamente nos enunciados a seguir.

a) Estou lendo Reinações de Narizinho, de Monteiro Lobato.

b) O motorista informou: O pneu do ônibus está furado.

c) Esqueceram o pen drive na mesa.

d) Nossa, você se acha o máximo, né!?

13. Qual dos enunciados a seguir emprega os parênteses para destacar uma explicação?

- [ ] Prezado(a) funcionário(a), por favor, compareça à sala de reuniões.
- [ ] Aquele jovem (o único a se manifestar durante a reunião) é observador.
- [ ] O ator Paulo José (1937-2021) foi um grande artista do teatro brasileiro.

14. Na expressão **Estimado(a) amigo(a)**, qual é a finalidade do uso dos parênteses?

- [ ] Informar dados bibliográficos.
- [ ] Apresentar comentários.
- [ ] Mostrar alternativas de leitura (gênero).

15. As frases a seguir estão desordenadas. Organize-as, aplicando a pontuação adequada.

João e Marta esperam ser contemplados
Hoje a professora comunicou que haverá um sorteio de livros
A turma toda se animou
Os livros escolhidos são "Senhora" de José de Alencar e "Coraline" de Neil Gaiman

____

____

____

____

____

____

VAMOS ESCREVER!

1. No texto a seguir faltam alguns sinais de pontuação. Leia-o com atenção e reescreva-o com os sinais que estão faltando: aspas, reticências ou parênteses.

Eu e minha irmã estávamos indecisas quanto ao presente da mamãe ★ era aniversário dela★ . O que comprar? Pensamos em uma joia, mas ★Resolvemos ir a um *shopping*, onde havia uma livraria enorme. Não há melhor presente no mundo que livros para alguém que ama ler ★mamãe ama ler★ . Então, decidimos comprar★*A hora da estrela*★ , de Clarice Lispector.

____

____

____

____

____

____

2. Dê continuidade ao texto, no caderno, com mais um parágrafo. Acrescente informações. Você pode escrever sobre como a mamãe recebeu o presente, como foi escolher o livro... Mãos à obra!

DIÁRIO DE BORDO

Nestas atividades, você aprendeu:

- os elementos discursivos do gênero textual reportagem;
- os sinais de pontuação: vírgula, ponto e vírgula e dois-pontos;
- a pontuação e os efeitos de intencionalidade: aspas, reticências e parênteses.

SEQUÊNCIA 5

VAMOS CONVERSAR!

Leia o cordel a seguir.

Romeu e Julieta em quadrinhas

I

1. Montéquios e Capuletos,
2. Filhos da bela Verona,
3. Eram famílias rivais,
4. Cada uma a mais brigona.

II

5. Mas em um baile de máscaras,
6. Viu o Montéquio Romeu
7. Julieta Capuleto,
8. E o amor aconteceu.

III

9. Sem saber que Julieta
10. Pertencia ao clã rival,
11. Romeu se apaixonou,
12. E ela o amou igual.

IV

13. Com muito tato, Romeu,
14. Da dama se aproximou.

Cupido, sem hesitar,
O peito deles flechou.

V

Mal ela saiu, Romeu
Soube da criada dela
Qual vinha a ser a família
A qual pertencia ela.

VI

Pouco depois, a criada,
A Julieta dizia
Quem vinha a ser o rapaz
Que a jovem tanto queria.

VII

Semelhante ao seu amado,
Vem Julieta a frisar
Que o ódio entre os dois clãs
Não ia lhes separar.

VIII

Romeu seguiu pro jardim
Do lar de sua paixão.
Escondido, a viu fazer
Sublime declaração:

IX

"É bom se sentir querida
Por alguém como Romeu.
Sem ele, me sinto como
Estrela que a luz perdeu."

X

O jovem ficou feliz
Com essas declarações.
E logo, se revelando,
Externou as emoções.

XI

"Nossos corações tão jovens
Do amor têm o compasso,
E as canções mais sublimes
Eu escuto, se te abraço."

XII

"És a luz do meu caminho.
Contigo, me reinvento.
Quero seguir ao teu lado,
Contemplando o firmamento."

XIII

Assim, quando o astro-rei
Já no céu vinha luzindo,
Combinaram se casar
Naquele dia tão lindo:

XIV

"Informa, amado Romeu,
Através do mensageiro,
A data, hora e local
Do enlace alvissareiro."

XV

Então, Romeu foi depressa
À cela do frei Lourenço.
Sendo informado do enlace,
O padre deu seu consenso.

XVI
61. Assim, os dois namorados
62. Dias depois se casaram.
63. Em cerimônia secreta
64. Os dois seus votos firmaram.

LIMA, Stélio Torquato. *Romeu e Julieta em quadrinhas.* Fortaleza: Rouxinol do Rinaré, 2021. p. 1-4.

1. Originalmente, *Romeu e Julieta* é uma peça do escritor inglês William Shakespeare. O gênero teatral caracteriza-se, sobretudo, pelo uso de:

- [ ] versos.
- [ ] capítulos.
- [ ] diálogos.
- [ ] sonetos.

2. No texto apresentado nesta seção, há uma adaptação da peça de Shakespeare. O que isso significa?

- [ ] Que houve uma correção da peça.
- [ ] Que foi feita uma transformação/modificação na peça.
- [ ] Que a peça contém muita ironia.
- [ ] Que a peça é uma crítica à sociedade da época.

3. A adaptação do texto transferiu a estrutura antiga, em formato de peça, para o gênero:

- [ ] romance.
- [ ] cordel.
- [ ] conto.
- [ ] crônica.

4. Assinale as características da literatura de cordel.

- [ ] Tradição literária regional.
- [ ] Aborda temas diversos.
- [ ] Não apresenta rimas.
- [ ] Apresenta versos e estrofes.

5. Que linguagem foi empregada no cordel *Romeu e Julieta em quadrinhas*?

- [ ] Linguagem informal.
- [ ] Linguagem formal.
- [ ] Linguagem coloquial.
- [ ] Linguagem regional.

6. O cordel lido é um texto:

- [ ] instrucional.
- [ ] poético.
- [ ] argumentativo.
- [ ] descritivo.

7. Quantos versos e quantas estrofes o cordel apresenta?

____

____

8. Cada estrofe do cordel apresenta quantos versos?

____

9. Rimas são sons que coincidem no final de algumas palavras. Identifique as palavras que rimam nas duas primeiras estrofes do cordel.

1ª estrofe: ________________________________.

2ª estrofe: ________________________________.

10. Algumas estrofes do cordel aparecem entre aspas. Assinale a alternativa que justifica esse uso.

- [ ] As aspas foram usadas para identificar palavras estrangeiras.
- [ ] As aspas foram utilizadas para indicar a fala de um dos personagens do cordel.
- [ ] As aspas foram empregadas para identificar trechos que merecem destaque.
- [ ] As aspas foram empregadas para destacar gírias.

11. Qual é o conflito gerado pelo amor entre os jovens Romeu e Julieta no cordel lido?

____

____

12. Pesquise o significado das palavras a seguir, presentes no cordel.

Clã: ________________________________.

Sublime: ________________________________.

Alvissareiro: ________________________________.

Enlace: ________________________________.

VAMOS ENTENDER!

A língua portuguesa é diversificada e criativa. Você já percebeu que muitas palavras não apresentam um sentido fixo, único? Elas podem apresentar significados diferentes, dependendo do contexto em que são empregadas. Essa forma de expressão chama-se **polissemia** (*poli* = muitos; *sema* = sentidos). Por meio da polissemia, são geradas as **figuras de linguagem** (metáfora, metonímia, comparação, entre outras).

1. Releia a estrofe a seguir.

> **IX**
> 33. "É bom se sentir querida
> 34. Por alguém como Romeu.
> 35. Sem ele, me sinto como
> 36. Estrela que a luz perdeu."

a) Nessa estrofe, em que Julieta fala de seus sentimentos em relação a Romeu, há o uso de uma figura de linguagem denominada:

☐ metáfora. ☐ ironia.

☐ comparação. ☐ rima.

b) Transcreva o trecho da estrofe em que se estabelece a figura de linguagem assinalada na atividade anterior.

____

____

c) Como você explica a relação entre a personagem e a imagem associada a ela: "Estrela que a luz perdeu"?

____

____

2. Responda oralmente: qual verso da estrofe a seguir há a figura de linguagem **metáfora**?

XII
45. "És a luz do meu caminho.
46. Contigo, me reinvento.
47. Quero seguir ao teu lado,
48. Contemplando o firmamento."

3. Faça a correspondência entre as orações a seguir e o significado que a palavra **pena** apresenta em cada uma delas.

I. Sinto pena daquela senhora.	☐	Condenação.
II. Sua pena será decidida pelo juiz.	☐	Piedade.
III. Achei uma pena de pavão.	☐	Pluma.

4. Na frase a seguir, há uma palavra que tem mais de um sentido.

Minha irmã foi a estrela da apresentação artística.

a) Qual palavra pode ser usada em outro sentido?

☐ Irmã. ☐ Estrela. ☐ Apresentação. ☐ Artística.

b) No caderno, crie uma frase com a palavra assinalada no item anterior, com sentido diferente.

5. Explique o sentido da palavra **posto** em cada uma das frases. Se necessário, consulte um dicionário.

a) Amália assumiu o posto de gerente da empresa.

____

b) Em minha cidade, só há um posto de combustível.

____

6. Cada frase a seguir apresenta o substantivo **ponto** com sentido diferente. Observe:

I. O ponto de ônibus está lotado.
II. A moça só marcou um ponto na gincana.
III. Ela ganhou um ponto na prova de Língua Portuguesa.
IV. O menino levou um ponto no queixo.

- Isso demonstra que as frases expressam um recurso da língua denominado:

☐ polissemia. ☐ sinonímia. ☐ ambiguidade.

Você já ouviu falar de **denotação** e **conotação**? Leia atentamente os conceitos a seguir.

Denotação é o uso da linguagem em sentido real, literal. A mensagem é transmitida de forma clara, objetiva.

Exemplo: Comprei **abacaxi** para a sobremesa.

Conotação é o uso da linguagem em sentido figurado, a depender do contexto.

Exemplo: Ana enfrentou um **abacaxi** no trabalho.

Nesse exemplo, a palavra **abacaxi** foi empregada com o sentido de "problema", "situação difícil, complicada".

7. Identifique, nas frases a seguir, os sentidos denotativo e conotativo da palavra **coração**.

a) A cirurgia de coração foi um sucesso!

☐ Sentido denotativo. ☐ Sentido conotativo.

b) Aquela linda praça é o coração da cidade.

☐ Sentido denotativo. ☐ Sentido conotativo.

8. Assinale as frases cujas palavras ou expressões destacadas apresentam sentido denotativo (literal ou real).

☐ Você é o **sol** da minha vida.

☐ Meu **cachorro** já foi vacinado.

☐ José vive no **mundo da lua**.

☐ A **lua** cheia está muito bonita!

9. Analise o sentido das palavras em destaque e classifique as orações em **D** (sentido denotativo) ou **C** (sentido conotativo).

☐ As **mãos** do agricultor estão calejadas.

☐ Ele deu uma **mão** a ela.

☐ Você é **carta** fora do baralho.

☐ Ana recebeu a **carta** do marido.

☐ Os batimentos do meu **coração** aceleraram com o susto.

☐ A praça do Ferreira fica no **coração** de Fortaleza.

10. Leia atentamente o texto a seguir.

O professor comunicou que eu seria o cabeça do festival de dança anual. Falei que estava sem cabeça para organizar as seleções e os ensaios, porque, havia muito tempo, vinha sentindo fortes dores de cabeça.

- Consulte um dicionário e explique o sentido expresso da palavra **cabeça** em cada ocorrência.

____

____

____

____

11. Crie duas frases em que cada palavra a seguir esteja sendo usada com significado diferente. Veja o exemplo.

a) Sol

Frase 1: Hoje o sol está brilhando intensamente.

Frase 2: Os livros são um sol na minha vida!

b) Janela

Frase 1: ______________________________________

Frase 2: ______________________________________

c) Pé

Frase 1: ______________________________________

Frase 2: ______________________________________

VAMOS ESCREVER!

- Imagine que na história que deu origem ao cordel *Romeu e Julieta em quadrinhas* as famílias Montéquio e Capuleto não fossem rivais, mas amigas.

Produza duas estrofes de quatro versos contando um pouco dessa nova história. A primeira estrofe já foi refeita, mudando o nome das famílias e a relação entre elas. Veja como ficou e dê sequência às quadrinhas.

1. **Fernandes** e **Cavalcante**,
2. Filhos da bela Verona,
3. Eram famílias **amigas**,
4. Cada uma a mais **brincalhona**.

1. ______________________________
2. ______________________________
3. ______________________________
4. ______________________________

1. ______________________________
2. ______________________________
3. ______________________________
4. ______________________________

DIÁRIO DE BORDO

Nestas atividades, você:

- conheceu a adaptação de um texto para a estrutura de cordel, assim como os elementos discursivos desse gênero literário;
- trabalhou a compreensão e a interpretação textual;
- aprendeu o que é polissemia;
- conheceu algumas figuras de linguagem;
- aprendeu o que são denotação e conotação.

SEQUÊNCIA 6

VAMOS CONVERSAR!

Leia a história em quadrinhos a seguir.

BRANDÃO, Daniel. *Os mundos de Liz: meu celular, minha vida.* Estúdio Daniel Brandão, 21 mar. 2018. Disponível em: https://www.estudiodanielbrandao.com/?p=8231. Acesso em: 24 dez. 2021.

1. Assinale **V** (verdadeiro) ou **F** (falso) para as características das histórias em quadrinhos, ou simplesmente HQ.

- ☐ São consideradas um gênero jornalístico.
- ☐ Os diálogos são registrados em balões de fala.
- ☐ Apresentam linguagem verbal e não verbal.
- ☐ Trata-se de um texto narrativo.

2. As HQs são um gênero misto, porque apresentam:

- ☐ frase e oração.
- ☐ texto e parágrafo.
- ☐ texto e imagem.
- ☐ som e imagem.

3. Na HQ *Os mundos de Liz: meu celular, minha vida*, quais são as funções que mais se destacam?

- ☐ Ensinar.
- ☐ Informar.
- ☐ Divertir.
- ☐ Questionar.

4. Quais personagens participam da HQ? Quem é o protagonista da história, ou seja, o personagem principal?

____

____

5. Qual é o enredo da HQ?

____

____

6. Qual acontecimento gera o conflito da história?

____

____

7. Por que Liz fica tão desesperada?

____

____

____

8. Pai e filha têm reações muito diferentes diante da quebra de celular de Liz. Por quê?

____

____

____

9. Ao promover a reflexão, a HQ nos transmite um alerta sobre:

- [ ] como é importante ter um celular.
- [ ] o prejuízo à memória em razão do uso excessivo do celular.
- [ ] a dependência das pessoas em relação ao uso do celular.
- [ ] a preocupação dos pais com o uso exagerado do celular pelos filhos.

VAMOS ENTENDER!

1. Nas HQs, as imagens podem revelar o estado de espírito dos personagens. O formato do balão do 10º quadrinho indica que a personagem está:

- [ ] com medo.
- [ ] desesperada.
- [ ] assustada.
- [ ] cantando.

2. Ainda no 10º quadrinho, a palavra **não** aparece escrita de forma diferente: **NÃÃÃOOO!** O que essa grafia quer comunicar?

____

3. A onomatopeia é uma figura de linguagem que utiliza fonemas para representar um som.

a) Em quais quadrinhos da HQ aparecem onomatopeias?

____

b) Quais são elas?

____

c) O que cada onomatopeia quer expressar?

____

____

4. Sublinhe as onomatopeias das frases a seguir.

a) Ufa, cansei de trabalhar!

b) Opa, opa, vamos devagar!

c) Chega de nhem-nhem-nhem! Vá logo para o banho.

d) Esse blá-blá-blá não me convence.

e) Tim-tim! Saúde a todos!

5. Construa frases com as onomatopeias a seguir.

a) Atchim

____

b) Hehehe

____

c) Sniff

____

d) Tique-taque

____

6. Linhas cinéticas são um recurso gráfico utilizado nas HQs para dar a sensação de movimentação de personagens e objetos.

a) Em quais quadrinhos da HQ da Liz há linhas cinéticas?

____

b) O que essas linhas expressam?

____

____

____

7. Um recurso importante na criação das HQs são os sinais de pontuação para reforçar a voz dos personagens e indicar sentimentos, emoções, pensamentos. No 11º balão, o que indica o ponto de exclamação?

- [ ] Que o pai estava com raiva da atitude exagerada da filha.
- [ ] Que o pai estava surpreso com a reação da filha.
- [ ] Que o pai não compreendia o que estava acontecendo.
- [ ] Que o pai sabia o que estava ocorrendo.

8. Releia a HQ e escolha duas frases em que foi utilizado o ponto de exclamação. Em seguida, explique o sentido que ele desenvolve no enunciado.

____

____

____

9. A linguagem empregada na HQ é:

- [ ] formal.
- [ ] informal.
- [ ] regional.
- [ ] antiga.

10. Leia as frases a seguir e assinale aquela que apresenta uma palavra ou expressão regional.

- [ ] Amanhã, organizaremos a feira cultural da escola.
- [ ] Cê não tá vendo bem?
- [ ] Como eu gostaria de tomar um sorvete agora.
- [ ] Vossa Excelência, como está seu chá?

Além da **linguagem** (formal ou informal), a língua apresenta outras modalidades de variação. De acordo com o grupo social, a escolaridade, a profissão, os aspectos históricos, a idade e a região do falante, observamos diferentes usos da nossa língua tanto na escrita como na fala. São as chamadas **variações linguísticas**. Observe quatro principais variações linguísticas:

Variação geográfica ou regional: diferença de linguagem em função da região.

Exemplo: uso das palavras **mandioca**, **aipim** ou **macaxeira**, dependendo da região, para designar a mesma planta.

Variação histórica: mudanças ocorridas na língua ao logo do tempo.

Exemplo: Vossa mercê → vosmecê → você → cê.

Variação social: diferenças de acordo com o grupo social dos falantes.

Exemplo: jargões próprios de determinadas profissões, gírias utilizadas por adolescentes etc.

Variação situacional: adaptação da fala e da escrita à norma-padrão da língua ou uso de linguagem mais familiar.

Exemplo: conversa entre amigos.

11. Assinale dois itens em que se observa a presença da linguagem informal, caracterizando o uso de traços da linguagem oral no texto escrito.

- [ ] Por favor, dê-me o papel e a caneta.
- [ ] Passe logo isso para mim.
- [ ] A gente se vê mais tarde.
- [ ] Hoje o dia esteve nublado.

12. Leia a frase a seguir e faça o que se pede.

Ufa, hoje foi um dia cheio de amolações!

a) Qual é o significado da palavra **amolações** nesse contexto?

____

b) Com base no boxe explicativo anterior, que tipo de variação linguística o uso da palavra **amolações** representa?

- [ ] Variação geográfica ou regional.
- [ ] Variação histórica.

☐ Variação social.

☐ Variação situacional.

13. Na frase "Freqüentei a mesma escola durante anos", o vocábulo **freqüentei** foi escrito com trema, sinal gráfico excluído da escrita de palavras de origem portuguesa em 2016, quando entraram em vigor as novas regras ortográficas. Essa mudança caracteriza qual tipo de variação linguística?

☐ Variação regional.

☐ Variação social.

☐ Variação situacional.

☐ Variação histórica.

14. Leia o texto extraído de um aplicativo de mensagens instantâneas de uma adolescente e marque **V** (verdadeiro) ou **F** (falso) para as afirmações propostas.

☐ A linguagem empregada na conversa é culta.

☐ A mãe não consegue compreender a mensagem e, portanto, não interage com a filha.

☐ Expressões como **é tipo**, **pra**, **tá** e **a gente** representam a variação situacional, ou seja, são expressões usadas entre pessoas mais íntimas.

☐ Na conversa, observamos o uso da linguagem informal (coloquial).

ACERVO DA EDITORA

15. Observe o diálogo a seguir.

– Conforme o resultado do exame, a senhora apresenta uma inflamação acentuada nas glândulas, chamada de hordéolo interno.
– Nossa, doutor! É muito grave? Preciso de cirurgia?
– Não, não! Fique calma. É só um terçol!

a) Na primeira fala do diálogo, o trecho em destaque caracteriza o uso de uma variação linguística própria de determinado grupo social. Que grupo é esse?

____

____

____

____

b) Qual é a variação linguística presente neste diálogo?

- [ ] Variação social.
- [ ] Variação regional.
- [ ] Variação histórica.
- [ ] Variação situacional.

16. Observe a frase a seguir, em que se lê a expressão **gigolete** (ou **gigolé**), muito utilizada em algumas regiões do Nordeste.

Usei um gigolete para impedir que os cabelos cobrissem meu rosto.

a) A palavra **gigolete** pode ser substituída, sem prejuízo de significado à oração, por qual palavra?

- [ ] Tiara.
- [ ] Piranha.
- [ ] Presilha.
- [ ] Bandana.

b) Com base nas informações apresentadas anteriormente, justifique por que esse termo representa o emprego da variação regional ou geográfica na oração.

____

____

____

17. Nas frases a seguir, há diferentes vocábulos entre parênteses para representar a mesma coisa. Reescreva cada frase utilizando a palavra comumente empregada em sua região.

a) Comprei um (gelinho/geladinho/sacolé/chup-chup) de morango.

____

____

b) As crianças gostam de brincar de (pebolim/totó/futebol de mesa) no recreio.

____

____

c) Mamãe comprou (tangerina/bergamota/mexerica) na feira.

____

____

d) O (sinal/semáforo/sinaleira/farol) da avenida principal está quebrado.

____

____

e) A (pipa/papagaio/arraia) ficou enrolada nos galhos da árvore.

____

____

18. Releia as orações da atividade anterior e observe que, dependendo da região, há nomes diferentes para o mesmo objeto, mesma fruta etc. Isso caracteriza a variação:

- ( ) geográfica.
- ( ) situacional.
- ( ) histórica.
- ( ) social.

19. Na imagem a seguir, há palavras em desacordo com a norma-padrão da língua portuguesa que refletem o nível de escolaridade de alguns falantes. Que tipo de variação linguística podemos identificar nesta placa?

MASTER TECNO

____

20. As gírias são variações sociais e situacionais da língua e estão presentes, sobretudo, na linguagem oral. Leia os enunciados a seguir, em que são utilizadas gírias, e informe o sentido de cada palavra ou expressão destacada, conforme o contexto.

a) Ele viajou com o ***crush*** para o Jalapão.

____

b) Vou **dar um rolê** pela cidade.

____

c) O estilo de roupa dos meus amigos **é massa**!

____

d) Você não me ouviu. **Tá na Disney**?

e) Sua proposta **deu ruim**.

f) E aí, tudo **suave**?

g) Os amigos estão **shipando** o casal MaBê.

21. Escolha três frases da atividade anterior e reescreva-as substituindo as gírias por expressões que caracterizam a linguagem formal.

a)

b)

c)

VAMOS ESCREVER!

- Na HQ *Os mundos de Liz: meu celular, minha vida*, o celular da personagem Liz quebrou, e ela ficou desesperada. Proponha algumas atitudes para ajudá-la a lidar com a situação da melhor maneira possível. Observe o exemplo.

  a) Utilizar uma agenda física (de papel) para fazer anotações.

DIÁRIO DE BORDO

Nestas atividades, você aprendeu:

- os elementos discursivos da HQ (onomatopeia, recursos visuais);
- as linguagens formal e informal;
- as variações linguísticas.

SEQUÊNCIA 7

VAMOS CONVERSAR!

Leia em voz alta o verbete da palavra **povo**.

po.vo

[ô]

sm. 1. Conjunto de pessoas que vivem num mesmo país e que estão sujeitas às mesmas leis.

2. Os habitantes de uma localidade ou região.

3. Conjunto de pessoas que não necessariamente habitam o mesmo país ou região mas que são ligadas por laços culturais, linguísticos etc.

4. Grande número de pessoas.

5. O conjunto de pessoas que pertencem à classe mais pobre.

6. *Fig*. O conjunto de pessoas que pertencem à mesma família ou à mesma casa;

7. *Pop*. Grupo de pessoas, gente, turma.

Smpl.

8. As nações, os países.

[...]

AULETE, Caldas. *Dicionário Caldas Aulete digital*. Disponível em: https://www.aulete.com.br/povo. Acesso em: 27 dez. 2021.

FRANZI/SHUTTERSTOCK

1. No verbete lido, há outras informações além dos vários sentidos da palavra **povo**.

a) Qual elemento marca a pronúncia da palavra **povo**?

____

____

b) O que esse elemento indica?

____

____

c) O que significa a abreviatura **sm.**?

____

____

d) De acordo com o verbete, a palavra **povo** é:

☐ trissílaba. ☐ dissílaba. ☐ polissílaba.

e) Qual parte do verbete indica o número de sílabas?

☐ sm. ☐ (ô) ☐ po.vo

2. Leia as frases a seguir e indique com qual sentido a palavra **povo** foi empregada. Consulte o verbete da página anterior.

a) O povo brasileiro está preocupado com a pandemia de covid-19.

____

____

b) O rei prometeu cuidar do povo mais humilde.

____

____

c) O povo lotou as arquibancadas do estádio para assistir ao *show*.

____

____

VAMOS ENTENDER!

Vamos rever o conceito de substantivo e sua classificação? Leia atentamente o boxe explicativo a seguir.

> **Substantivo** é uma classe de palavras que nomeia seres, ações, ideias, sensações, sentimentos, objetos reais ou imaginários, entre outros. São classificados em **próprios** ou **comuns**, **simples** ou **compostos**, **primitivos** ou **derivados**, **concretos** ou **abstratos**.

1. Leia o enunciado.

> O povo do vilarejo decidiu que na sexta-feira sairá a procissão.

- As palavras **povo** e **sexta-feira** são substantivos. Mas há uma diferença entre elas, além do sentido. Qual é essa diferença?

____

____

____

____

2. Marque **SS** para substantivo simples e **SC** para substantivo composto.

☐ O **bate-papo** na calçada durou a tarde inteira.

☐ O **açude** atingiu a capacidade máxima este ano.

- [ ] Meus filhos adoram brincar de **quebra-cabeça**.
- [ ] A principal **matéria-prima** para a fabricação de telhas é a argila.
- [ ] Houve **reunião** no condomínio.

3. Observe os substantivos a seguir.

laranjeira	laranja	laranjada

a) Qual dos substantivos apresentados deu origem aos outros dois?

____

b) Como é denominado o substantivo que dá origem a outro?

- [ ] Primitivo.
- [ ] Derivado.

4. Assinale o item em que todas as palavras são derivadas.

- [ ] Jornal, casa, floricultura.
- [ ] Casebre, marítimo, pedregulho.
- [ ] Jornalista, pedra, fogueira.
- [ ] Lapiseira, solar, livro.

5. Organize os substantivos abaixo no quadro da página seguinte, de acordo com sua classificação.

Holanda	Sara	camarim	avental	Florianópolis
céu	celular	Hugo	África	feijão

Substantivo comum	Substantivo próprio

6. Os substantivos próprios particularizam os seres (normalmente, pessoas ou lugares), mas também identificam títulos de obras das mais variadas áreas (literatura, cinema, pintura) e nomes de instituições. Assinale os itens em que há título de obra ou nome de instituição.

- [ ] *Auto da Compadecida* é uma obra de grande sucesso do autor Ariano Suassuna.
- [ ] Lucas e Ana vão ao cinema.
- [ ] Visitei Istambul no ano passado.
- [ ] A sede da Organização das Nações Unidas foi reformada.

7. Leia a frase a seguir.

> Ainda não consegui vender todos os ingressos para o evento, mas tenho esperança de vendê-los.

a) Qual substantivo abstrato aparece na frase?

____

b) E quais são os dois substantivos concretos presentes?

____

8. Leia as frases a seguir, atentando-se para as palavras em destaque. Marque **SA** para substantivo abstrato e **SC** para substantivo concreto.

( ) O **saci** é um personagem do folclore brasileiro.

( ) Dizia-se que o casarão era visitado por **fantasmas**.

( ) A menina sentia **saudade** de seu cachorrinho.

( ) Os **pães** que você me deu estavam deliciosos.

( ) Ele ficou admirando a **beleza** daquele rio.

( ) Pâmela tem muito **medo** de barata.

9. Leia atentamente o texto a seguir.

Há muito tempo, Melissa não visitava a casa onde passara a infância. Seu coração se encheu de alegria com as boas recordações que lhe vieram à mente. A jovem observou cada cantinho do lugar com muita calma e carinho e até se emocionou ao ver no quintal, onde a família se reunia para o almoço de domingo, um formoso girassol. Era a flor de que sua mãe mais gostava.

- Identifique um substantivo:

a) comum e composto: ____________________

b) comum e coletivo: ____________________

c) comum, simples e derivado: ____________________

d) próprio: ____________________

e) comum e abstrato: ____________________

10. Reescreva as frases, substituindo a palavra em destaque pelo substantivo coletivo do quadro. Faça as alterações necessárias.

enxame	matilha	elenco	arquipélago	turma	multidão

a) Os **artistas** voltaram aos ensaios após as festas de fim de ano.

____

____

b) Os **amigos** participarão da cerimônia de formatura.

____

____

c) As **ilhas** de Fernando de Noronha pertencem ao estado de Pernambuco.

____

____

d) Os **cães** conseguiram farejar os explosivos.

____

____

e) As **abelhas** atacaram os visitantes.

____

____

f) As **pessoas** estavam aglomeradas na porta da agência bancária.

____

____

Vamos continuar os estudos sobre substantivo, ressaltando, agora, o **grau do substantivo**.

Há três variações de grau dos substantivos:

Grau normal. Exemplo: casa.

Grau aumentativo. Exemplo: casarão.

Grau diminutivo. Exemplo: casinha.

Os graus aumentativo e diminutivo podem se apresentar de **forma analítica** ou **sintética**.

Forma analítica: adiciona-se ao substantivo um adjetivo que indica aumento ou diminuição de tamanho.
Exemplo: lobo grande/lobo pequeno.

Forma sintética: adicionam-se sufixos aos substantivos.
Exemplo: lobão/lobinho.

11. Indique o aumentativo sintético das palavras a seguir.

a) amigo ______________________

b) barca ______________________

c) livro ______________________

d) caneta ______________________

e) cachorro ______________________

f) boca ______________________

g) cabeça ______________________

12. Indique o diminutivo sintético dos substantivos a seguir.

a) abelha ______________________

b) criança ______________________

c) flor ______________________

d) jornal ____________________

e) porta ____________________

f) corda ____________________

g) corpo ____________________

13. Reescreva as frases a seguir, colocando os substantivos destacados no grau aumentativo.

a) Aquele **sorvete** estava saboroso!

____

b) Deixaram uma **escada** lá fora.

____

c) O **fogo** atingiu o capinzal.

____

d) Esse é meu **filho**.

____

e) Manuela mora naquela **casa**.

____

f) Veja o tamanho da **boca** daquele cachorro!

____

14. Leia as frases a seguir; depois, sublinhe os substantivos e agrupe-os no quadro da página seguinte, de acordo com o grau: normal, aumentativo ou diminutivo.

a) A menina esqueceu a mochilinha.

b) Aquela muralha é resistente.

c) O rapaz tem um vozeirão.

d) Vi ali várias estatuetas.

Grau normal	Grau aumentativo	Grau diminutivo
__________	__________	__________
__________	__________	__________
__________	__________	__________

15. Observe os substantivos a seguir e faça o que se pede.

rapagão salinha rochedo vidraça

a) Quanto à flexão de grau, qual substantivo difere dos demais? Por quê?

____

____

____

____

b) Escreva o grau normal de cada substantivo.

rapagão ______________________________

salinha ______________________________

rochedo ______________________________

vidraça ______________________________

16. Elabore uma oração para cada substantivo, empregando-o no grau aumentativo analítico. Observe o exemplo.

a) Museu.

Eu e Guilherme visitamos um museu enorme.

b) Árvore.

____

c) Sofá.

____

d) Cabelo.

____

e) Carro.

____

17. Crie uma frase com cada substantivo a seguir, empregando o grau diminutivo analítico. Observe o exemplo.

a) Peixe.

O garoto pescou um peixe minúsculo.

b) Brincos.

____

c) Estojo.

____

d) Lua.

____

e) Sol.

____

O grau do substantivo nem sempre é empregado para indicar variação de tamanho. Pode expressar também afeto, carinho, ironia, desprezo, dependendo do contexto.

18. Faça a correspondência entre as frases com os substantivos destacados no diminutivo e seus significados.

I. Você não acha que está bem **velhinha** para brincar de boneca?

II. Minha **menininha** está linda!

III. Meu **irmãozinho** é fofo!

☐ Carinho. ☐ Ironia. ☐ Tamanho.

19. Observe o substantivo destacado na frase a seguir.

> Aquele **timaço** ganhou o campeonato de futebol interbairros de Aracaju.

a) Qual é o sentido expresso pelo uso do grau aumentativo na palavra destacada?

☐ Intensidade. ☐ Tamanho.

☐ Crítica. ☐ Qualidade.

b) O sentido expresso pela palavra **timaço** é elogiar ou depreciar?

____

VAMOS ESCREVER!

- Escolha cinco palavras favoritas ou que representem algo importante para você e transforme-as em um verbete de dicionário pessoal. Indique o sentido que elas têm em sua vida e o que significam para você. Observe o exemplo de verbetes do dicionário do Márcio. Ele selecionou entre os mais queridos substantivos comuns e próprios.

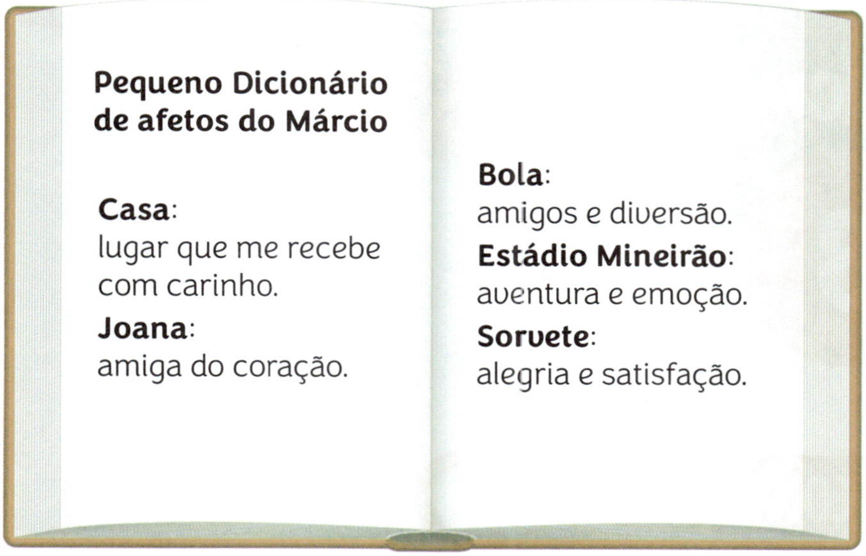

Pequeno Dicionário de afetos do Márcio

Casa:
lugar que me recebe com carinho.

Joana:
amiga do coração.

Bola:
amigos e diversão.

Estádio Mineirão:
aventura e emoção.

Sorvete:
alegria e satisfação.

SHPADARUK ALEKSEI/SHUTTERSTOCK

Vamos lá!

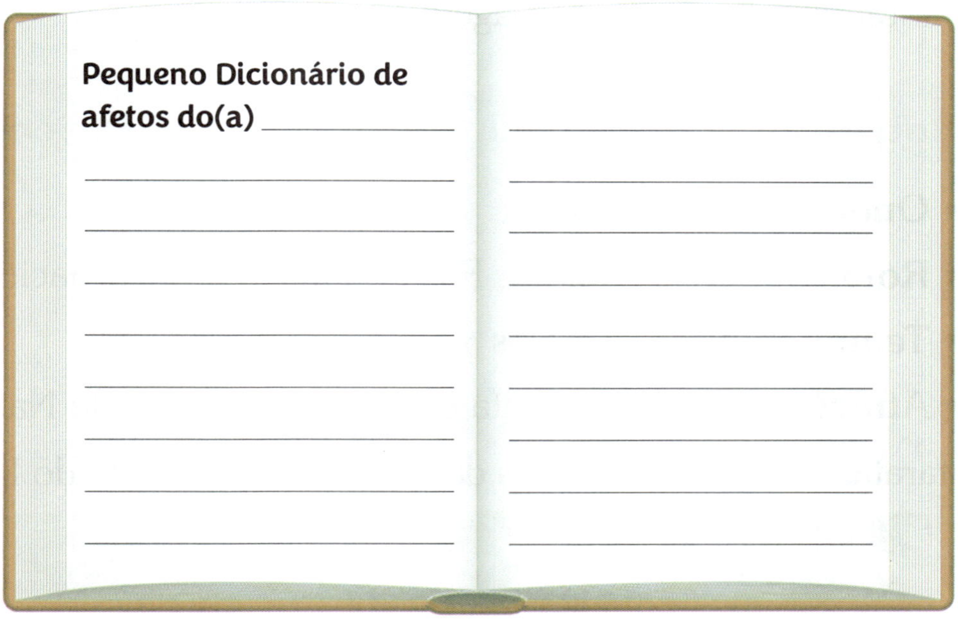

Pequeno Dicionário de afetos do(a) ______________________

SHPADARUK ALEKSEI/SHUTTERSTOCK

DIÁRIO DE BORDO

Nestas atividades, você aprendeu:

- os elementos discursivos do gênero textual verbete;
- o substantivo (conceito e classificação);
- o grau do substantivo.

SEQUÊNCIA 8

VAMOS CONVERSAR!

Leia atentamente o roteiro de viagem a seguir.

Roteiro América do Sul #8: Mochileiro da aventura

- **Onde:** Brasil e Paraguai
- **Rota:** Corumbá, Bonito, Foz do Iguaçu e Encarnación
- **Tempo mínimo:** 15 dias
- **Atrações:** Pantanal, Gruta do Lago Azul, Aquário Natural, Cataratas do Iguaçu e Ruínas da Santíssima Trindade do Paraná

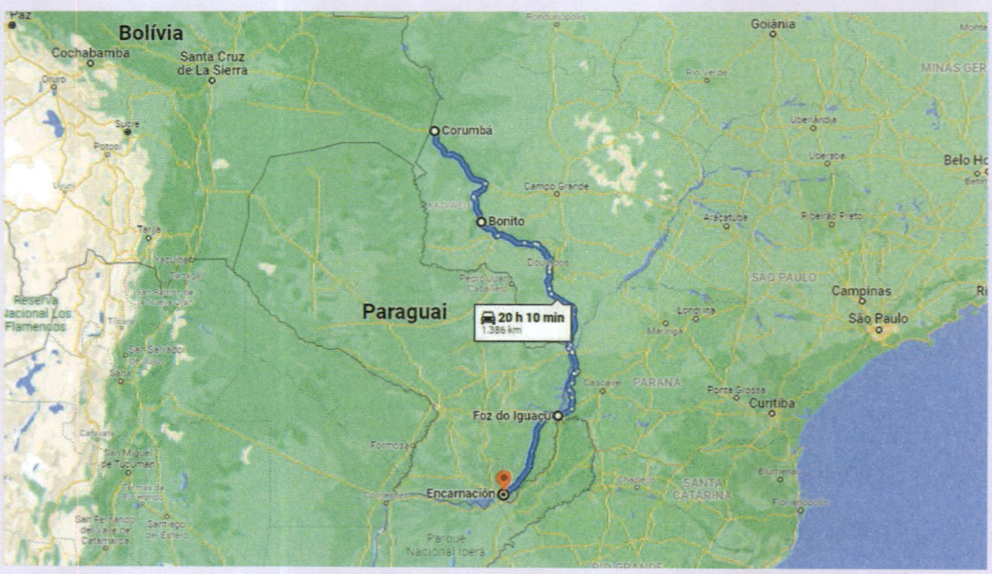

GOOGLEMAPS

1. Corumbá é sua primeira cidade, se você for um mochileiro que topa aventuras. De lá, você terá a oportunidade de conhecer o Pantanal. Na Estrada Parque você vai encontrar jacarés, pacas, capivaras, macacos e, quem sabe, uma onça-pintada. Da cidade saem *tours* noturnos, chamados "Focagem", para seguir encontrando animais. De dia, passeios de barco e cavalgadas te esperam. A região do Pantanal conta com 150 mil quilômetros alagados na época de chuvas no Rio Paraguai.

2. Bonito, uma cidade rodeada de grutas, rios, serras e parques. Lá você poderá fazer uma flutuação, enquanto é acompanhado por muitos peixes, em uma água transparente. Além das trilhas do Parque Nacional, conheça a Gruta Azul. Uma caverna cheia de estalactites com uma lagoa de cor azul intensa dentro.

3. As **Cataratas do Iguaçu** estão na fronteira entre o Brasil, Paraguai e a Argentina. A principal atração é a Garganta do Diabo, uma queda com tanta força que surpreende todos os seus visitantes, independente de sua nacionalidade.

4. Encarnación, a terceira cidade mais importante do Paraguai, junta praia e carnaval. Lá você vai visitar as ruínas das missões jesuíticas da Santíssima Trindade do Paraná, de Jesus de Tavarangué, o único Patrimônio da Humanidade pela Unesco do Paraguai.

PRYZANT, Raquel. TOP 10 roteiros de mochilão na América do Sul. *Worldpackers*, 10 set. 2018. Disponível em: https://www.worldpackers.com/pt-BR/articles/roteiros-de-mochilao-na-america-do-sul. Acesso: 28 dez. 2021.

1. Qual é o objetivo do gênero textual roteiro de viagem?

- [ ] Divertir o leitor contando o que acontece na viagem.
- [ ] Expor os perigos dos locais a serem visitados.
- [ ] Auxiliar o leitor no planejamento de uma viagem.
- [ ] Indicar as viagens mais luxuosas e caras.

2. O roteiro de viagem é um texto com orientações precisas para o viajante se orientar. Preencha os campos a seguir de acordo com o roteiro do *Mochileiro da aventura*.

- Rota: ____
____
- Período: ____
____
- Duas atrações: ____
____

3. A rota de viagem atravessará quais países?

____

4. Qual é a função do mapa no roteiro?

____

5. Na estrutura de um roteiro de viagem, além dos destinos, das dicas, das curiosidades, das fotos dos locais indicados, também há informações históricas dos lugares. Transcreva do roteiro *América do Sul #8: Mochileiro da aventura* o aspecto histórico de um dos locais indicados.

____
____
____

6. No título do roteiro, lê-se a expressão "Mochileiro da aventura". Qual frase a seguir **não** caracteriza um "mochileiro"?

☐ O turista que não define um destino de viagem.

☐ O turista que busca viagens mais econômicas e cheias de aventuras.

( ) O viajante que costuma programar seus itinerários sozinho.

( ) O aventureiro que não se preocupa com o planejamento da viagem.

( ) O turista que faz viagens acompanhado, com reserva de hotel e passeios comprados.

VAMOS ENTENDER!

Vamos relembrar os usos e as funções do verbo?

Os **verbos** modificam-se em relação ao modo e ao tempo.

Os modos verbais são três:

Indicativo: expressa certeza, algo real.

Subjuntivo: exprime uma ação possível.

Imperativo: indica uma ordem, um conselho ou um pedido.

Todos os modos têm tempos verbais:

Indicativo: presente, passado (pretérito perfeito, pretérito mais-que-perfeito, pretérito imperfeito) e futuro (futuro do presente e futuro do pretérito).

Subjuntivo: imperfeito e futuro.

Imperativo: afirmativo e negativo.

1. Em qual tempo está cada verbo das orações a seguir?

I. Presente **II.** Pretérito (passado) **III.** Futuro

( ) O gerente **fará** uma reunião.

( ) Os maestros **fizeram** o ensaio final para o concerto.

( ) Ana **gosta** de comida japonesa.

- [ ] João e Maria **estiveram** em Recife.
- [ ] Os livros **estão** na estante.
- [ ] Aqueles atores **virão** para o festival de teatro.
- [ ] Meu primo **viajou** para Salvador.
- [ ] **Fui** ao cinema com minha irmã.
- [ ] Meu cachorro **tomará** banho no *pet shop*.

2. Leia as frases e complete-as com os verbos entre parênteses, conforme o tempo indicado.

a) O cineasta ______________________ o projeto do filme de ficção científica. (concluir – pretérito)

b) Os estudantes ______________________ da feira municipal de Ciências. (participar – futuro)

c) Todas as manicures ______________________ folga amanhã. (ter – futuro)

d) É Joana quem ______________________ as crianças para a aula de violão. (levar – presente)

e) Até hoje as mulheres ______________________ por seus direitos. (lutar – presente)

f) A população ______________________ dias difíceis por causa da pandemia. (viver – pretérito)

3. O verbo da oração a seguir está no tempo presente.

> Os candidatos ao cargo de diretor continuam na sala de reuniões.

a) Reescreva a oração utilizando o verbo no tempo passado (pretérito).

____

____

b) Transcreva a oração empregando o verbo no tempo futuro.

____

____

4. Preencha as lacunas com os verbos entre parênteses nos tempos do modo indicativo.

a) O padre ______________________ a cerimônia de casamento. (terminar – pretérito perfeito)

b) ______________________ o conserto do *notebook*. (solicitar – futuro do presente)

c) A empresa ______________________ sua frota de ônibus a cada cinco anos. (renovar – presente)

d) Juliano ______________________ cartas de amor para a noiva. (escrever – pretérito imperfeito)

e) Eles ______________________ a maratona com facilidade.(vencer – futuro do pretérito)

f) Vovó ______________________ os tempos de juventude. (lembrar – pretérito mais-que-perfeito)

5. Leia o texto a seguir e responda.

> Ana **está** muito preocupada, pois seu filho **tem** febre desde ontem. O menino também **reclama** de dores de cabeça e nas articulações.

a) As formas verbais destacadas indicam que:

- [ ] as ações estão acontecendo.
- [ ] as ações já aconteceram.
- [ ] as ações vão acontecer.

b) Os verbos, portanto, estão em que tempo e modo?

____

6. Reescreva o texto usando os verbos destacados no pretérito imperfeito.

> Lena **está** em casa preparando o jantar enquanto as crianças assistem a filmes nos celulares e o marido **conserta** a porta do banheiro. O cachorro **abana** o rabo alegremente, tentando chamar atenção.

____

____

____

7. Relacione as orações em destaque aos tempos do modo subjuntivo.

I. Presente do subjuntivo

II. Imperfeito do subjuntivo

III. Futuro do subjuntivo

- [ ] **Quando ele chegar ao escritório**, avise-me.
- [ ] Teríamos conseguido a entrada no cinema, **se ela ajudasse**.
- [ ] Desejamos **que eles alcancem seus objetivos**.

☐ É preciso **que tu penses com calma**.

☐ **Se estudasse um pouco mais**, eu obteria resultados melhores nas provas.

☐ Os funcionários farão a entrega dos materiais **quando pedirmos**.

8. Complete as orações com os verbos indicados entre parênteses nos tempos do modo subjuntivo.

a) Quando ela _______________ a tarefa de casa, eu a corrigirei. (terminar)

b) Se todos _______________, conseguiríamos mais doações para o orfanato. (colaborar)

c) Não deixe que ela _______________ a verdade. (descobrir)

d) Estarei aqui na recepção quando você _______________ do consultório. (sair)

e) Desejo que ela _______________ feliz. (ser)

f) Voltaremos para casa quando _______________ os exames de sangue. (fazer)

9. Leia o texto e transcreva a oração em que o verbo empregado está no pretérito imperfeito do modo subjuntivo.

> Os meninos estavam brincando no sítio e encontraram um carneirinho sujo e fraco, deitado embaixo do umbuzeiro. Perceberam que ele sentia fome e sede. Então, decidiram

levá-lo para onde estavam seus pais, que logo ajudaram a cuidar do bichinho. Se os meninos não o encontrassem, provavelmente o carneirinho não resistiria por muito tempo.

____

____

____

10. Indique o tempo e o modo (indicativo ou subjuntivo) dos verbos destacados nas orações a seguir. Observe o exemplo.

a) Luan **é** muito talentoso.

Tempo: presente.

Modo: indicativo.

b) **Cantarei** no festival de talentos da escola.

Tempo: ________________________________.

Modo: ________________________________.

c) Os rapazes **ficaram** entusiasmados com a premiação do campeonato.

Tempo: ________________________________.

Modo: ________________________________.

d) **Se ela pedisse**, eu organizaria a recepção.

Tempo: ________________________________.

Modo: ________________________________.

e) **Tu aprendes** algumas regras de trânsito.

Tempo: ________________________________.

Modo: ________________________________.

f) Esperamos **que eles queiram** nos acompanhar na viagem.

Tempo: ______________________________________.

Modo: ______________________________________.

g) Se você **estiver** disponível, poderemos conversar amanhã.

Tempo: ______________________________________.

Modo: ______________________________________.

11. Elabore frases com os verbos a seguir no modo indicativo.

a) jogar – pretérito perfeito.

____

____

b) ler – futuro do presente.

____

____

c) ver – presente.

____

____

d) falar – pretérito imperfeito.

____

____

e) gostar – futuro do pretérito.

____

____

12. Passe as frases a seguir para o modo imperativo, fazendo os ajustes necessários. Siga o exemplo.

a) Samuel bebeu suco de maracujá. (indicativo)

Beba suco de maracujá. (imperativo)

b) O pai não participou da reunião.

____

c) Ana fez o almoço.

____

d) Moisés ajudará o diretor.

____

e) Vocês terminarão a pesquisa!

____

f) O vovô não comeu o lanche.

____

g) As crianças dormirão cedo.

____

13. Assinale as alternativas em que há verbo no modo subjuntivo.

- [ ] Ela visitou vários museus para fazer pesquisas.
- [ ] Quando ele alugar o imóvel, vou visitá-lo.
- [ ] Os jogadores participarão de uma campanha beneficente.
- [ ] Se os meninos se machucarem, há uma caixa de primeiros socorros.

14. Relacione as frases de acordo com os modos verbais.

I. Modo indicativo

II. Modo subjuntivo

III. Modo imperativo

- [ ] Ela está em casa.

- [ ] Sente-se, agora!
- [ ] Se ele me amasse, não iria embora.
- [ ] Quando eu chegar, conversaremos.
- [ ] As crianças brincaram no campo de futebol.
- [ ] Não grite comigo!

15. Complete as frases com os verbos indicados entre parênteses.

a) O padre ______________________________ as doações ao orfanato. (entregar – indicativo)

b) Se Ana ______________________________, irei com ela ao *show*. (querer – subjuntivo)

c) ______________________________ cedo para casa. (vir – imperativo)

d) Não ______________________________ à aula! (faltar – imperativo)

e) Quando ______________________________, iremos descansar um pouco. (voltar – subjuntivo)

f) Eu ______________________________ vários livros. (doar – indicativo)

16. Elabore uma frase empregando os verbos nos modos indicados.

a) Comunicar – indicativo.

____

b) Dormir – subjuntivo.

____

c) Entrar – imperativo.

____

VAMOS ESCREVER!

- Escreva um texto indicando dois ou três pontos turísticos de sua cidade a um amigo ou parente e informe por que seria interessante ou divertido visitá-los. Se desejar, desenhe um mapa em uma folha de sulfite para facilitar a localização dos pontos turísticos.

DIÁRIO DE BORDO

Nestas atividades, você aprendeu:

- os elementos discursivos do gênero textual roteiro de viagem;
- os tempos verbais (presente, passado e futuro);
- os modos verbais (indicativo, subjuntivo, imperativo).

SEQUÊNCIA 9

VAMOS CONVERSAR!

Leia o conto a seguir.

Era uma vez

Era uma vez uma menina que acordou num jardim.

Ela própria ficou surpresa ao perceber que adormecera e, observando o gramado em torno, piscou os olhos. Pegara no sono sentada no banco, à sombra do pé de jamelão.

Olhou para cima, sentindo as gotas de sol que lhe salpicavam a pele, furando a copa. No meio do descampado, de relva rasteira, a árvore se destacava, frondosa. Era sua predileta. O banco em torno do tronco era na verdade uma mesa, que o avô mandara construir. Ele fizera cortar oito tábuas e com elas rodeara o tronco duas vezes, em duas alturas diferentes, de maneira que as pessoas pudessem sentar-se nas madeiras de baixo e usar as de cima como tampo de mesa. Uma solução que deixara a menina encantada. Desde então, ela pegava seus cadernos e lápis de cor e passava tardes inteiras sentada sob a árvore, desenhando e sonhando.

O único problema, no verão, eram os mosquitos. Os jamelões maduros, com sua casca preta e brilhante, se espalhavam pelo chão, transformando-se em manchas de um roxo profundo, que atraíam os insetos. O avô ficava furioso e ameaçava mandar cortar a árvore para acabar com a sujeira. A menina estremecia. Mas, no fundo, sabia que ele não teria coragem. Além do mais, apesar do incômodo dos mosquitos, havia uma beleza naquelas nódoas cor de violeta, mesmo as que enchiam o banco, manchando-lhe a roupa. A menina não se importava.

Antes de sentar-se, tomava o cuidado de limpar a tábua, mas apenas a parte de baixo. No tampo, gostava de ver as frutas amassadas formando desenhos, parecendo querer contar histórias. Era uma vez, imaginava a menina, olhando a mancha em forma de concha, ou aquela outra com formato de sorvete, ou ainda aquela na pontinha da tábua, parecendo um coração. Certa vez, tivera a ideia de passar o dedo na polpa de uma fruta desfeita e usar aquele sumo roxo para colorir o papel, como se fosse tinta. Ficara bonito.

Era assim, a menina, cheia de imaginações.

Espreguiçou-se. Sim, gostava muito de desenhar. Mas só apreciava os desenhos que tivessem um significado, que contassem histórias. É claro que nenhum desenho do mundo seria capaz de contar histórias como fazia sua avó. Ah, isso, não. A menina ficava encantada. Eram histórias antigas, muitas cantadas em versos, com frases inteiras que ela mal compreendia, mas cuja musicalidade a deixava hipnotizada. Todo fim de tarde, antes do jantar, ela se deitava ao lado da avó, no sofá, para ouvir seus contos. Já era um ritual.

Ah, e por falar nisso, já estava quase na hora. Precisava entrar, tomar banho. Depois seria só correr para a sala, onde as janelas de venezianas estariam abertas, deixando entrever a trepadeira de flores cor de maravilha. E esperar. Logo, a avó viria. E a menina, aninhada em seu colo, ficaria à espera da expressão mágica, que faria tudo recomeçar: era uma vez...

SEIXAS, Heloisa (escritora). *Era uma vez*. Disponível em: https://heloisaseixas.com.br/contos-minimos/2002-2/. Acesso em: 29 dez. 2021.

1. Responda oralmente:

a) Quais são os personagens do conto?

b) Em que espaço ocorre a narrativa?

c) O narrador de um texto pode ser narrador-observador (que apenas conta a história) ou narrador-personagem (que, além de contar, participa da narrativa). Que tipo de narrador está presente no conto lido?

2. Na vida da personagem, há duas pessoas pelas quais ela demonstra grande afeto e admiração. Quem são elas e por que são tão importantes para a menina?

____

____

3. Que tipo de história a avó contava para a menina?

____

____

VAMOS ENTENDER!

Pela posição da sílaba tônica (a mais forte da palavra), as palavras com mais de uma sílaba podem ser oxítonas, paroxítonas e proparoxítonas. Muitas delas apresentam acento gráfico, segundo algumas regras que levam em consideração a posição da sílaba tônica.

Oxítonas: a sílaba tônica é a última da palavra. Exemplos: cajá, morder.

Paroxítonas: a sílaba tônica é a penúltima da palavra. Exemplos: amável, parede.

Proparoxítonas: a sílaba tônica é a antepenúltima da palavra. Exemplos: pétala, relâmpago.

1. Observe as palavras extraídas do conto *Era uma vez* e faça o que se pede.

jardim	própria	surpresa	perceber	olhos	avô

a) Sublinhe no quadro a sílaba tônica de cada palavra.

b) Quais palavras são oxítonas e quais são paroxítonas?

____

____

c) Todas as sílabas tônicas das palavras apresentadas recebem acento gráfico? Responda oralmente.

Como vimos na atividade anterior, nem todas as oxítonas e paroxítonas são acentuadas. Aquelas que recebem acento gráfico seguem algumas regras, que você verificará nas atividades a seguir.

2. De acordo com a regra, acentuam-se todas as oxítonas terminadas em **a**, **e**, **o** e **em**, seguidas ou não de plural.

- Qual das palavras a seguir se enquadra nessa regra?

☐ Própria. ☐ Pé. ☐ Surpresa. ☐ Avô.

3. Leia em voz alta as palavras a seguir e acentue as oxítonas, se necessário.

urubu	cafe	tabu
armazem	amor	ninguem
sapoti	vatapa	chule
chapeu	curio	celular

As formas verbais oxítonas terminadas em **a**, **e**, **o**, seguidas de **-lo**, **-la**, **-los**, **-las**, também são acentuadas. Exemplos: vendê-lo, emprestá-la.

4. Acentue, quando necessário, as formas verbais destacadas nos enunciados e reescreva-as corretamente.

a) Meus sobrinhos chegaram e fui recebe-**los**. ______________

b) As fotos foram entregues, e você deve ve-**las**. ______________

c) O aluno leu o texto em italiano, mas não conseguiu traduzi-**lo** totalmente. ______________

d) O menino adormeceu, e o pai precisou leva-**lo** para a cama. ______________

Há também algumas regras para a acentuação das **paroxítonas**.

Recebem acento gráfico:

- as paroxítonas terminadas em -**l**, -**n**, -**r**, -**x**. Exemplos: fácil, hífen, repórter, fênix.
- as paroxítonas terminadas em -**i**, -**is**. Exemplo: júri(s).
- as paroxítonas terminadas em -**us**. Exemplo: vírus.
- as paroxítonas terminadas em -**ã**, -**ãs**. Exemplo: órfã(s).
- as paroxítonas terminadas em -**ão**, -**ãos**. Exemplo: órgão(s).
- as paroxítonas terminadas em -**um**, -**uns**. Exemplo: álbum(ns).
- as paroxítonas terminadas em -**ps**. Exemplo: fórceps.
- as paroxítonas terminadas em **ditongo**. Exemplos: cópia, episódio.

5. Todos os pares de palavras a seguir são formados por paroxítonas. Reescreva-os, acentuando apenas a palavra de cada par que exige acento gráfico.

a) dificil/claro ______________

b) livre/anfibio ______________

c) caderno/bonus ______________

d) biceps/pires ______________

e) facil/cansaço ______________

f) vizinho/torax ______________

6. Assinale a alternativa que justifica a regra de acentuação da palavra **lápis** presente no trecho a seguir.

> [...] Desde então, ela pegava seus cadernos e lápis de cor e passava tardes inteiras sentada sob a árvore, desenhando e sonhando.

- [ ] Acentuam-se as paroxítonas terminadas em -**um**, -**uns**.
- [ ] Acentuam-se as paroxítonas terminadas em -**l**, -**n**, -**r**, -**x**.
- [ ] Acentuam-se as paroxítonas terminadas em -**i**, -**is**.

Outra regra de acentuação gráfica diz que **todas** as palavras **proparoxítonas** são acentuadas. Exemplos: lúcido, relâmpago.

7. Entre as palavras a seguir, algumas são proparoxítonas, e outras, não. Circule as proparoxítonas e acentue-as corretamente.

ludico dificuldade termometro
jabuti fosforo paralelepipedo barbaro
classificação fenomeno palhaço

8. Todas as palavras a seguir recebem acento gráfico. Acentue-as corretamente.

jilo	pivo	torax
lamina	ima	forum
croche	tambem	principe
gratis	libelula	otimo

9. Escreva no quadro a seguir as palavras da atividade anterior, de acordo com a sílaba tônica.

Oxítonas	Paroxítonas	Proparoxítonas
____________	____________	____________
____________	____________	____________
____________	____________	____________
____________	____________	____________

10. Leia o texto a seguir e observe atentamente os verbos destacados.

Hoje, Bel não **foi** à escola. Seus pais **avisaram** à coordenadora que ela **estava** com febre. Se ela não melhorar, não **irá** novamente à aula amanhã, e seus pais **justificarão** sua ausência à direção.

a) Quais verbos estão no passado?

____

b) Quais verbos estão no futuro?

____

c) Quando devemos usar a terminação **-ram**?

____

____

____

d) Quando devemos usar a terminação **-rão**?

____

____

____

11. Complete as frases de acordo com o verbo e o tempo verbal entre parênteses.

a) Meus amigos ____________________ que amanhã é feriado. (dizer – pretérito perfeito)

b) Vocês __________________ ao chefe que a encomenda chegou. (dizer – futuro do presente)

c) Os turistas ____________________ na próxima semana. (chegar – futuro do presente)

d) As alunas ____________________ atrasadíssimas. (chegar – pretérito perfeito)

e) Quase todos os atletas ______________________ da cerimônia de abertura dos jogos. (participar – pretérito perfeito)

f) Os seguranças ____________________ de um treinamento. (participar – futuro do presente)

12. Leia o texto a seguir e responda às questões.

Finalmente, o garotinho ganhou uma bicicleta. Ele **tem** muitos carrinhos, bolas e jogos. Mas, para ele, nada se compara à vontade que tinha de sair pedalando livremente pela fazenda. Agora, está muito feliz!

a) A que se refere o verbo destacado?

____

____

b) Transcreva a frase "Ele tem muitos carrinhos, bolas e jogos" no plural.

____

____

13. Complete as frases com **tem** ou **têm**, **vem** ou **vêm**.

a) Ela _________ para a escola com os amigos.

b) Natália _________ 7 anos.

c) Alguns funcionários _________ equipamento de proteção.

d) Os idosos _________ todos os dias ao centro de lazer.

e) Maria _________ uma bicicleta azul.

f) Marcos e Marcelo _________ bolas de basquete.

g) O cachorrinho _________ ao meu encontro todos os dias.

14. Assinale a frase que apresenta o uso **incorreto** do verbo **vir**.

- [ ] Você vêm todo domingo à minha casa.
- [ ] As meninas vêm comigo agora.
- [ ] Antônio vem para Fortaleza.
- [ ] Ele vem hoje visitar o filho.

Os verbos **ler**, **ver**, **crer** e **dar** também apresentam terminações diferentes na 3ª pessoa do singular e na 3ª pessoa do plural. Observe:

Ela lê – elas leem (presente do indicativo).
Ele vê – eles veem (presente do indicativo).
Ela crê – elas creem (presente do indicativo).
Que ele dê – que eles deem (presente do subjuntivo).

15. Complete as frases, empregando adequadamente os verbos entre parênteses.

a) Aqueles jovens _________ livros de ficção científica. (ler)

b) Eles _________ que tudo dará certo! (crer)

c) Espero que a enfermeira ________ atenção ao idoso. (dar)

d) Todo dia ela ________ o pôr do sol. (ver)

e) Ana ________ o jornal diariamente. (ler)

f) Minha vontade é que os produtores __________ uma chance aos artistas. (dar)

g) A jornalista ________ que o público gosta de suas reportagens. (crer)

h) Algumas senhoras __________ necessidade de ajudar as pessoas em situação de rua. (ver)

VAMOS ESCREVER!

- No caderno, elabore um conto, em que você é o personagem principal. Descreva o ambiente em que você estará, as coisas de que mais gosta de fazer, as pessoas que estarão com você. Depois, faça um desenho para ilustrar seu conto. Use a criatividade!

DIÁRIO DE BORDO

Nestas atividades, você aprendeu:

- os elementos discursivos do gênero textual conto;
- as regras de acentuação gráfica das oxítonas, paroxítonas e proparoxítonas;
- o emprego das terminações -**ram** e -**rão**/**em** e **êm**/**êm** e **eem**.

SEQUÊNCIA 10

VAMOS CONVERSAR!

Você vai ler um trecho do texto dramático *O Museu da Emília*, escrito por Monteiro Lobato para ser encenado na Biblioteca Municipal de São Paulo, em 8 de janeiro de 1938.

O Museu da Emília

Personagens: Dona Benta, Narizinho, Pedrinho, Tia Nastácia, o Visconde de Sabugosa, Emília, a Menina da Capinha Vermelha e um lobo, como são imaginados nas *Reinações de Narizinho*, do mesmo autor.

ATO ÚNICO

Cenário: Sala de jantar duma modesta casa de fazenda – O Sítio de Dona Benta.

(Dona Benta está em cena examinando várias peças de roupa de Pedrinho, amontoadas sobre a mesa. Há uma cadeira comum, de pernas serradas – cadeira de senhoras.)

[...]

Emília (sempre a observar pelo binóculo) – Lá vem vindo ele! Vem lambendo os beiços. Já farejou duas ovelhas aqui dentro. É exatamente o mesmo que comeu a avó da Capinha. [...]

Dona Benta – Que olhos a Emília tem!

[...]

Emília – Pronto! Está aí ele arranhando a porta e quero ver agora como vocês se arranjam. (para Dona Benta) E a senhora que é tão sabida, de tantos livros e dicionários que leu, quero ver como se salva. Veja no seu dicionário que ensina tudo quanto se quer, se ensina jeitos de espantar lobo. Eu não preciso ir ao dicionário. Sei de um jeito que é tiro e queda.

Narizinho – Então diga logo. Tenha dó da aflição da vovó.

Pedrinho (fazendo **muxoxo**) – Não dou um vintém pelo tal jeito.

Emília (muito **lampeira**) – Só direi se Narizinho me der uma coisa...

Narizinho – Já sei. Quer que eu dê a minha coleção de potinhos de barro para você botar no museu, não é? Dou, sim, diga o jeito agora.

[...]

Emília (mais lampeira ainda) – Todos são testemunhas de que Narizinho me deu os potinhos, não é assim? Muito que bem. Nesse caso direi que meu rinoceronte já está avisado de tudo e logo que eu der um assobio ele investe contra o lobo e o espeta, bem espetado, no seu chifre pontudo.

[...]

O lobo atira-se contra a porta. Ouve-se um estalo de madeira rachada. Emília assusta-se e leva dois dedos à boca. Assobia. Há uma pausa. Todos ficam à escuta do que se passa lá fora. Emília assobia de novo. Nada acontece lá fora e o lobo continua a despedaçar a porta. Emília assobia pela terceira vez.

Emília – Que será que aconteceu?

Narizinho – Com certeza, o rinoceronte ficou surdo com a chuva desta noite.

Pedrinho (**zombeteiro**) – **Fiem-se** numa boneca...

Capinha – Não ficou surdo, não. O que ele está é dormindo. Quando vim para cá encontrei-o atravessado na porteira, roncando. Até pulei por cima, sem medo nenhum. Juro que está dormindo ainda.

[...]

LOBATO, Monteiro. *Histórias diversas*. São Paulo: Editora Pé da Letra, 2018.

Vocabulário

Fiar-se: dar confiança, confiar.

Lampeiro: ligeiro, rápido.

Muxoxo: estalo com a língua e os lábios, indicando desprezo.

Zombeteiro: debochado, brincalhão.

1. Assinale **V** (verdadeiro) ou **F** (falso) para as características do texto teatral.

( ) É dividido em capítulos.

( ) Divide-se em atos e cenas.

( ) Não há diálogos entre os personagens.

( ) Usa-se linguagem corporal e gestual.

( ) Há personagens principais e secundários.

2. O cenário é importante para melhorar a percepção do público em relação à peça teatral. A peça *O Museu da Emília* ocorre em que ambiente? Descreva o cenário que você identificou na leitura do trecho.

____

____

____

____

3. Esse texto teatral é:

- [ ] uma comédia.
- [ ] uma tragédia.
- [ ] um drama.
- [ ] um suspense.

4. O texto teatral apresenta **rubricas**, que são informações, geralmente entre parênteses, que indicam atitudes e estados emocionais dos personagens ou sua movimentação no palco. Observe o exemplo em destaque extraído do texto.

> Emília (**sempre a observar pelo binóculo**) – Lá vem vindo ele! Vem lambendo os beiços. [...]

- Escolha a fala de algum personagem que apresenta rubrica e transcreva-a.

____

____

____

____

____

____

____

VAMOS ENTENDER! !!!

Vamos relembrar o que são preposições? Leia o boxe explicativo.

> **Preposições** são termos que ligam palavras e estabelecem relação de sentido entre elas. São frequentemente usadas em situações comunicativas.
>
> As principais preposições da língua portuguesa são: a, de, por, com, entre, sob, após, desde, sem, contra, para, sobre.

1. Sublinhe as preposições das frases a seguir.

a) Suzana estava com muita dor de cabeça.

b) Você está sem condições de dirigir.

c) A discussão ocorreu entre os torcedores.

d) Não vou para casa agora.

e) Os veterinários conversaram sobre a situação de abandono do zoológico.

2. Complete as frases com as preposições do quadro.

de	por	contra	sob	após	desde	com

a) As alunas voltarão ________________ o lanche.

b) A boneca ficou ________________ a cama.

c) Ela foi para a academia ________________ bicicleta.

d) Prefiro ir ________________ este caminho, que é mais arborizado.

e) É a sua palavra ______________ a minha.

f) Mariana está ______________ muita dor de dente.

g) Carlos está triste ______________ que seu cachorro fugiu.

3. Os enunciados a seguir apresentam **contrações** de preposições com outras palavras. Quais palavras se uniram para formar as preposições destacadas? Observe o exemplo:

da = de + a

a) Preciso **do** seu apoio. ______________

b) Gosto muito **dessa** menina. ______________

c) O dono **das** lojas reviu os projetos. ______________

d) Estaremos **na** praia amanhã. ______________

As preposições são essenciais à articulação da frase (**regência**).

Regência verbal é a relação entre o verbo (termo regente) e seus complementos (termos regidos). Para isso, muitas vezes, é necessário o **uso de preposições**. Exemplo: A jovem compareceu **ao** local da prova (compareceu – termo regente/ao local da prova – termo regido).

Há alguns verbos que não necessitam de complemento. Exemplo: O bebê **adormeceu**.

Em contrapartida, há verbos que necessitam de complemento, com o auxílio de preposição. Exemplo: Serei transferida **para** Tocantins.

E há verbos que necessitam de complemento, mas sem o auxílio de preposição. Exemplo: Papai **compreende** minha insegurança.

4. Assinale a oração em que o verbo destacado necessitou de complemento com o auxílio de preposição para fazer sentido.

- [ ] O cantor **ensaiou** durante horas.
- [ ] Os animais abandonados **precisam** de cuidados.
- [ ] Esta notícia **surpreendeu**.
- [ ] Vítor **marcou** consulta médica para a próxima semana.

5. Leia em voz alta a frase a seguir e faça o que se pede.

Os coordenadores assistirão aos documentários.

a) Qual palavra é o termo regente (verbo) da frase?

____

b) Qual palavra ou expressão é o termo regido ou complemento do verbo?

____

c) Qual preposição o complemento do verbo apresenta?

____

6. Elabore orações com os verbos a seguir, utilizando corretamente as preposições.

a) Simpatizar.

____

b) Desagradar.

____

c) Viajar.

____

d) Agradecer.

____

Além das preposições, outra classe gramatical é responsável por articular sentidos, modificando a palavra que acompanha: os advérbios.

Advérbios são palavras que acompanham um verbo, um adjetivo ou outro advérbio, modificando o sentido da frase. Eles podem indicar várias circunstâncias, como:

Tempo. Exemplo: **Hoje** fui ao médico.

Lugar. Exemplo: Moro **perto** do açude.

Modo. Exemplo: Você ficou **bem** assustada.

Intensidade. Exemplo: João treinou **demais** para o campeonato!

Afirmação. Exemplo: **Sim**, vou viajar na semana que vem.

Negação. Exemplo: **Não** fique triste por isso.

Dúvida. Exemplo: **Talvez** os médicos a operem.

7. Leia em voz alta a frase a seguir.

Nunca abandone seu melhor amigo.

YULIYA EVSTRATENKO/SHUTTERSTOCK

a) Qual é o advérbio de negação?

____

b) Qual(is) outro(s) advérbio(s) de negação poderia(m) ser usado(s) na frase?

____

____

8. Assinale o item em que **todos** os advérbios indicam dúvida.

- [ ] Acaso, talvez, possivelmente.
- [ ] Talvez, acaso, ontem.
- [ ] Talvez, pouco, bastante.
- [ ] Possivelmente, aqui, talvez.

NICOLETA IONESCU/SHUTTERSTOCK

9. Leia as frases a seguir e reescreva-as, acrescentando um advérbio que expresse alguma circunstância (tempo, modo, lugar, intensidade etc.). Observe o exemplo.

a) Ana ficou chateada.

Ana ficou **bastante** chateada.

b) Mamãe está bela.

____

c) Ela voltou para casa.

____

d) As enfermeiras foram para o congresso.

____

e) O treinador entrou no ônibus.

____

f) Aqueles trabalhadores são valorizados.

____

g) O estudante saiu da escola cedo.

____

h) As crianças usam o celular.

____

10. Leia as frases a seguir e faça o que se pede.

Júlia dormiu bem tarde.
Os cuidadores de idosos são bastante amáveis.
A moça gritou demais.

a) Transcreva os advérbios presentes em cada frase.

____

b) Classifique os advérbios.

____

c) A qual palavra cada advérbio se refere?

____

11. Complete as lacunas com **bastante** ou **bastantes**. Essa palavra é invariável quando se trata de advérbio, indicando intensidade, e variável quando corresponde ao pronome indefinido.

a) Avaliamos ____________________ sua proposta de venda do carro.

b) Os garotos leram ____________________ histórias em quadrinhos.

c) Havia ______________________ torcedores na arquibancada.

d) Fazemos ______________________ questão de ouvir uma explicação.

12. Classifique os advérbios destacados nas frases a seguir.

1. Modo
2. Tempo
3. Intensidade
4. Afirmação
5. Negação
6. Lugar
7. Dúvida

☐ **Cuidadosamente**, colocou a criança no berço!

☐ O gatinho gosta **bastante** de ração.

☐ Deixaram uma sacola **ali**.

☐ **Ontem**, as atrizes fizeram o último ensaio.

☐ Lerei o jornal, **provavelmente**, à noite.

☐ Bia **jamais** confiará em você.

☐ Posso ir ao médico, **sim**.

13. Classifique os advérbios em destaque no texto, conforme o quadro a seguir.

José chegara do trabalho havia **poucos** minutos. **Não** viu os pais nem os irmãos. Estranhou o silêncio da casa e ficou **bastante** preocupado. Acontecera algo grave? **Então**, pegou o celular e ligou **depressa** para a mãe. Estava **nada** satisfeito com essa situação. **Assim** que a mãe atendeu, ele **logo** sentiu alívio por ouvir sua voz. Todos estavam em uma festa de aniversário e se esqueceram de avisar a José.

Advérbio de tempo	Advérbio de modo	Advérbio de negação	Advérbio de intensidade
____________	____________	____________	____________
____________	____________	____________	____________

Você conhece as **locuções adverbiais**? Trata-se de duas ou mais palavras que, juntas, desempenham a função de advérbio.

Na frase "Professor, pode tirar uma dúvida **de novo**?", **de novo** é uma locução adverbial que pode ser substituída pela palavra **novamente**.

14. Reescreva as frases, transformando as locuções adverbiais destacadas em advérbios. Use a terminação **-mente**.

a) A comissária de bordo ajudou a senhora **com cuidado**.

____

____

b) **Em silêncio**, entrei no quarto das crianças e peguei a bolsa.

____

____

c) Meu pai me leva para passear no *shopping* **toda semana**.

____

____

d) A aluna levantou-se **com lentidão** para entregar o trabalho.

____

____

e) Ana vai andar de bicicleta no parque **com frequência**.

____

____

f) **Todos os meses** vou ao posto de saúde buscar os medicamentos de minha avó.

____

____

____

15. Forme uma frase com as preposições e os advérbios a seguir.

a) de – levemente.

____

____

b) por – agora.

____

____

c) entre – nunca.

____

____

d) lá – em.

____

____

e) com – hoje.

____

____

f) desde – não.

____

____

VAMOS ESCREVER!

No trecho selecionado de *O Museu da Emília*, o lobo está prestes a atacar a casa onde estão os personagens do Sítio do Picapau Amarelo.

- Qual desfecho você daria para esse acontecimento? Use a imaginação e crie um final surpreendente! Não se esqueça de que se trata de uma peça, então dê sequência ao gênero, não se esquecendo das rubricas.

DIÁRIO DE BORDO

Nestas atividades, você aprendeu:

- os elementos discursivos do texto dramático;
- as preposições e suas regências;
- os advérbios e sua classificação.

SEQUÊNCIA 11

VAMOS CONVERSAR!

Leia a notícia a seguir.

ESPORTES | 26 DE JULHO DE 2021

Aos 13 anos, Fadinha conquista medalha de prata na Olimpíada de Tóquio

Rayssa Leal é a medalhista olímpica mais jovem do Brasil

Foto: Wander Roberto_COB

Rayssa Leal vence a primeira medalha de prata da história do *skate* feminino em Olimpíadas.

Em 26 de julho, a *skatista* Rayssa Leal, também conhecida como Fadinha, tornou-se a medalhista olímpica mais jovem do Brasil após conquistar a prata na Olimpíada de Tóquio. A atleta de 13 anos disputou na modalidade *skate street*, em que existem obstáculos como escadas, corrimões e rampas para dificultar o percurso. [...]

Rayssa ganhou fama em 2015, quando postou um vídeo na internet vestida de fada enquanto fazia uma manobra chamada *heelflip*, em que o *skate* dá um giro inteiro para o lado – manobra de alta dificuldade. Hoje, além da medalha olímpica, Rayssa acumula os títulos de vice-campeã mundial, conquistado em 2019, e o bronze no mundial de 2021.

Além dela, outro brasileiro conquistou a prata no *skate street* em Tóquio: Kelvin Hoefler, de 27 anos, que se tornou o primeiro brasileiro medalhista desta edição dos Jogos Olímpicos, em 25 de julho.

[...]

AOS 13 ANOS, Fadinha conquista medalha de prata na Olimpíada de Tóquio. *Jornal Joca*, 26 jul. 2021. Disponível em: https://www.jornaljoca.com.br/aos-13-anos-fadinha-conquista-medalha-de-prata-na-olimpiada-de-toquio/?refresh=true. Acesso em: 3 jan. 2022.

1. Qual é o fato principal apresentado na notícia que você acabou de ler?

____

____

____

2. Com base em seus conhecimentos sobre a estrutura do gênero textual notícia, identifique, na notícia apresentada, as respostas às questões a seguir, preenchendo o quadro.

O quê?	______________________________ ______________________________
Quem?	______________________________
Quando?	______________________________
Onde?	______________________________

3. Em que veículo de comunicação foi publicada a notícia?

____

____

4. De acordo com a notícia, que outro brasileiro conquistou a medalha de prata nos Jogos Olímpicos de Tóquio?

____

5. Na notícia lida, há uma frase localizada abaixo da fotografia de Rayssa Leal. Juntas, frase e fotografia compõem o gênero textual foto-legenda. Releia a legenda da fotografia e informe qual é o seu objetivo.

Rayssa Leal vence a primeira medalha de prata da história do *skate* feminino em Olimpíadas.

____

____

6. Identifique as partes que compõem o gênero textual notícia.

I. Corpo da notícia
II. Manchete
III. Subtítulo (linha fina)
IV. Lide

☐ Corresponde ao 1º parágrafo da notícia.

☐ "Aos 13 anos, Fadinha conquista medalha de prata na Olimpíada de Tóquio".

☐ "Rayssa Leal é a medalhista olímpica mais jovem do Brasil".

☐ Corresponde aos demais parágrafos do texto (a partir do 2º).

VAMOS ENTENDER!

Vamos relembrar o que são conjunções e locuções conjuntivas?

Conjunções são palavras e expressões que estabelecem conexão entre termos e orações. Veja alguns exemplos do emprego desses conectivos.

1. Amanhã, compraremos roupas **e** tênis para fazer caminhada (a conjunção **e** ligou os termos roupas e tênis).

2. Não ajudarei você **se** perceber seu desinteresse (a conjunção **se** ligou duas orações).

As **locuções conjuntivas** são duas ou mais palavras que exercem a função de **conjunção**. Exemplos: para que, antes que, uma vez que, entre outros.

1. Leia a frase a seguir.

(**1**) Giovana gosta de desenhar (**2**) e gosta de estudar inglês.

- Na frase **1** há uma afirmação. A frase **2** revela um acréscimo de ideia em relação à frase **1**. Que palavra deixa evidente esse acréscimo?

____

2. Em cada oração, há uma conjunção ou locução conjuntiva que indica **adição** de ideias. Circule-as.

a) A jovem arrecadou brinquedos para o orfanato e os entregará no Dia das Crianças.

b) O vendedor não quis dar desconto nem parcelar as compras.

c) O menino estuda todos os dias, mas também joga *videogame*.

d) Não comprou o que pretendia na feira como também não fez os pagamentos.

e) João não quer comer doce nem salgado.

f) O professor de Português não só dá aulas, mas também trabalha como voluntário em um projeto social.

3. Leia as orações a seguir.

I. Estava cansada, mas decidiu ir à academia.
II. Estudou muito, mas também assistiu ao novo episódio de sua série preferida.
III. Helena permaneceu calada, pois estava nervosa.
IV. Meu sobrinho foi ao *shopping*, porque precisava de distração.

- Reescreva a oração que apresenta uma conjunção que indica **oposição**.

4. Reescreva os enunciados a seguir substituindo por outra a conjunção ou locução conjuntiva em destaque, sem alterar o sentido.

a) O cãozinho machucou-se muito no acidente, **mas** não precisou de cirurgia.

b) Marcela pratica vários esportes **como também** faz aula de dança.

5. No parágrafo a seguir faltam conjunções. Marque a opção que dará sentido ao texto.

O artista não se apresentou, ***** o *show* foi cancelado. Isso aconteceu ****** a estrutura do teatro estava danificada em razão das últimas reformas, as quais não foram bem executadas. O *show* foi remarcado para outro dia e local, ****** muitas pessoas ainda querem assistir à *performance* do cantor.

- [ ] Mas, pois, porque.
- [ ] Pois, porque, já que.
- [ ] E, como também, porém.
- [ ] Visto que, pois, se.

6. Relacione as conjunções da frase a seguir ao que elas expressam.

Joana estava de férias **e** decidiu visitar os pais no interior do estado, **porque** havia dois anos não os encontrava. Queria viajar no fim de semana, **porém** só seria possível comprar a passagem para segunda-feira.

I. e	( ) Apresenta uma ideia oposta.
II. porque	( ) Acrescenta uma ideia.
III. porém	( ) Apresenta uma causa.

7. Leia as orações a seguir em voz alta e faça o que se pede.

I. Simone está desesperada, **porém** pediu ajuda.
II. A criança está bem **e não** necessita de medicação.
III. Flávia me convidou, **todavia** eu não quis comparecer à festa.

a) Reescreva a frase em que a conjunção foi empregada de forma inadequada, tornando a informação confusa.

____

____

b) Que conjunção você usaria para corrigir a inadequação?

____

____

8. Leia as orações a seguir e sublinhe a conjunção ou locução conjuntiva que indica **tempo**.

a) Antes que você brigue comigo, quero explicar o que aconteceu.

b) A professora corrigiu as provas logo que as recebeu.

c) A menina estava feliz desde que ganhara o presente.

d) Quando o enfermeiro aplicou a vacina, o rapaz vibrou de alegria.

9. Sublinhe nas frases a seguir uma conjunção ou locução conjuntiva que indica **finalidade**.

a) Comprei um *notebook*, que utilizarei no trabalho.

b) A avenida foi interditada a fim de que se faça a reforma.

c) Foi feito um acordo para que o feriado seja adiado.

10. Algumas conjunções e locuções conjuntivas expressam **condição**. Sublinhe-as nas frases a seguir.

a) Não resolveremos o problema se o senhor não colaborar.

b) Caso as moças permitam, posso fazer as entregas dos salgados.

c) Eles viajarão amanhã, a menos que o voo seja cancelado!

11. Complete as frases a seguir com as conjunções **quando**, **para que** ou **se**. **Atenção**: em uma mesma frase pode se encaixar mais de uma conjunção.

a) Os alunos farão a pesquisa ______________ a direção permitir.

b) Ela me chamou ______________ eu servisse os convidados.

c) Avise-me ______________ minha sobrinha chegar.

d) Estude ______________ seu futuro seja promissor.

e) ______________ ela quiser, poderá entrar.

f) ______________ os participantes desejarem, continuaremos o debate.

12. As conjunções empregadas na atividade anterior expressam ideia de:

- [ ] oposição, adição e condição.
- [ ] tempo, finalidade e condição.
- [ ] tempo, oposição e finalidade.

13. Una as duas orações de cada item utilizando as conjunções do quadro. Observe o exemplo.

quando • a fim de que • desde que • para que

a) Ana ficou feliz. Saiu o resultado da prova.
Ana ficou feliz **quando** saiu o resultado da prova.

b) Escutaremos com atenção. Não tenhamos dúvida.

____

____

c) A moça está triste. O noivo discutira com ela.

____

____

d) Eles levaram os animais para o curral. Eles não sentissem muito calor.

____

____

14. Classifique as conjunções ou locuções conjuntivas destacadas nas frases.

I. condicional II. final III. temporal

( ) Fiz sinal **para que** ele se calasse.

( ) **Assim que** terminar a tarefa, vou brincar.

( ) **Caso** você permita, levo as funcionárias para a empresa.

( ) Vou dirigir na volta para casa, **a menos que** você não queira.

( ) **Depois que** chegou em casa, foi dormir.

15. Leia o texto a seguir e classifique as conjunções e locuções conjuntivas destacadas em **temporal**, **final** ou **condicional**. Observe o exemplo.

Eu e meus amigos marcamos uma reunião **para que** possamos ensaiar uma peça teatral. **Logo que** a professora de Arte falou sobre a peça, escolhemos encenar *A Bela e a Fera*. **Quando** nos encontrarmos, definiremos quem representará cada personagem. **Se** houver indecisão, faremos um sorteio, **a fim de que** não haja desentendimentos.

a) Para que: locução conjuntiva final.

b) Logo que: ______________________.

c) Quando: ______________________.

d) Se: ______________________.

e) A fim de que: ______________________.

16. Leia o texto a seguir e complete-o com conjunções e locuções conjuntivas que expressam **causa**, **oposição** ou **adição**.

A professora nos falou que o Estatuto da Criança e do Adolescente (ECA) resguarda nossos direitos ____________________ ____________________ disse que é dever da sociedade assegurá-los. Devemos conhecer as leis que garantem nossa proteção, ____________________ assim nos tornaremos cidadãos mais conscientes. Ela disse que houve muitos avanços no cuidado e na proteção das crianças e dos adolescentes, ____________________ ainda há inúmeros casos de exploração e desrespeito que precisam ser combatidos.

Nas atividades anteriores, você observou o emprego da conjunção **porque**. Agora, vai conhecer outros usos dessa palavra com grafias diferentes: **por que**, **por quê** ou **porquê**.

Em nosso dia a dia, estamos sempre questionando, formulando ou obtendo respostas às indagações. Na linguagem verbal, expressamos perguntas e respostas por meio das diferentes formas do **porquê**. Observe seus usos a seguir.

Por que

- Usa-se no início de frases interrogativas.
  Exemplo: **Por que** o sítio será vendido?
- Usa-se em frases afirmativas, desde que esteja subentendida a ideia de "por qual razão", "por qual motivo", "para que".
  Exemplo: Todos nós sabemos **por que** você viajou tão de repente.

Porque

- Usa-se para introduzir uma resposta ou explicação.
  Exemplo: O artista não fará a apresentação **porque** adoeceu.
- Usa-se na própria pergunta, quando há uma resposta sugerida.
  Exemplo: A funcionária não realizou a venda **porque** o equipamento estava danificado.

Por quê

- Usa-se em finais de frases interrogativas.
  Exemplo: Todos os alunos foram homenageados **por quê**?

Porquê

- Usa-se sempre que houver um termo determinante antes (um artigo ou pronome). Equivale a um substantivo, por isso pode ser flexionado no plural.
  Exemplos: Ela entendeu **o porquê** da demora do marido. / Há vários **porquês** para sua alegria.

17. Preencha as lacunas com a forma adequada do **porquê**.

a) Não haverá ensaio ______________ o professor está doente.

b) ______________ o funcionário se sentiu mal?

c) Aquele jovem está assustado ______________ ?

d) Ela entendeu o ______________ da minha ausência.

e) Jamais explicaram o ______________ da discussão.

f) O pai percebeu ______________ a filha estava tão alegre.

g) Aquele médico foi homenageado ______________ era um profissional dedicado.

h) O bebê não será vacinado ______________?

18. Na frase a seguir, o porquê foi empregado de forma errada.

Nossas filhas sabem porquê precisamos mudar de cidade.

- Assinale a alternativa adequada à frase e justifique seu uso.

☐ Porque. ☐ Por que. ☐ Por quê.

____

19. Complete o texto a seguir com os porquês adequados ao contexto.

Natural Earth Imagery/ Shutterstock

Nestas férias, minha família decidiu viajar para a serra ________________ há muito tempo meu irmão caçula queria fazer essa viagem. Eu não havia compreendido o ________________ da insistência. Ir para a serra ________________? Praia é tão mais divertido! Meus pais explicaram que meu irmão achava mais fácil avistar discos voadores na serra e, quem sabe, conseguir contato com um extraterrestre. Respirei fundo e até sorri. ________________ logo eu fui ter um irmão que vive no mundo da imaginação?

VAMOS ESCREVER!

- Na seção **Vamos conversar!** você leu uma notícia e compreendeu sua estrutura. Agora, você será um jornalista e escreverá uma notícia sobre um fato atual de sua preferência. Pode ser da área de cultura, esporte, lazer, saúde, meio ambiente etc. Não se esqueça de trazer informações sobre as perguntas básicas de uma notícia: O que aconteceu? Onde? Quando? Com quem? Como? Escreva seu texto no caderno em 3ª pessoa e utilize linguagem formal.

DIÁRIO DE BORDO

Nestas atividades, você aprendeu:

- os elementos discursivos do gênero textual notícia;
- a função das conjunções;
- as relações de sentido estabelecidas pelas conjunções ou locuções conjuntivas.

SEQUÊNCIA 12

VAMOS CONVERSAR!

Acompanhe a leitura do professor.

Biografia de Cecília Meireles

Prachaya Roekdeethaweesab/Shutterstock

Cecília Meireles (1901-1964) foi uma poetisa, professora, jornalista e pintora brasileira. Foi a primeira voz feminina de grande expressão na literatura brasileira, com mais de 50 obras publicadas. Com 18 anos estreou na literatura com o livro "Espectros".

[...] Embora mais conhecida como poetisa, deixou contribuições no domínio do conto, da crônica, da literatura infantil e do folclore.

[...]

Cecília Meireles fez o curso primário na Escola Estácio de Sá, onde recebeu das mãos de Olavo Bilac a medalha de ouro por ter feito o curso com louvor e distinção. Em 1917 formou-se professora na Escola Normal do Rio de Janeiro. Estudou música e línguas. [...]

Em 1922 [...] casou-se com o artista plástico português Fernando Correia Dias, com quem teve três filhas.

Cecília Meireles estudou literatura, folclore e teoria educacional. Colaborou na imprensa carioca escrevendo sobre folclore. Atuou como jornalista em 1930 e 1931 e publicou vários artigos sobre educação. Fundou em 1934 a primeira biblioteca infantil no Rio de Janeiro. O interesse de Cecília pela educação se transformou em livros didáticos e poemas infantis.

[...]

A obra máxima de Cecília Meireles foi o poema épico “Romanceiro da Inconfidência”, onde se encontram os maiores valores de sua poética. [...]

[...]

Cecília Meireles faleceu no Rio de Janeiro, no dia 9 de novembro de 1964. [...]

FRAZÃO, Dilva. Cecília Meireles: poetisa brasileira. *eBiografia*. Disponível em: https://www.ebiografia.com/cecilia_meireles/. Acesso em: 13 maio 2022.

1. Assinale **V** (verdadeiro) ou **F** (falso) sobre o gênero textual biografia.

- ( ) É um texto predominantemente narrativo.
- ( ) É um texto escrito em 1ª pessoa.
- ( ) Apresenta expressões que indicam tempo.
- ( ) Os verbos estão no tempo futuro.

2. O texto aborda a vida de Cecília Meireles, uma escritora brasileira muito conhecida. Além de escritora, quais outras funções ela desempenhou?

___

___

___

3. Por que Cecília Meireles ganhou medalha de ouro na escola?

____

____

4. Leia a seguinte expressão:

> [...] o curso com louvor e distinção.

- Que palavra poderia substituir **louvor**, aproximando-se do sentido do texto?

☐ Preguiça. ☐ Honra.

☐ Rapidez. ☐ Alegria.

5. Releia a biografia de Cecília Meireles e sublinhe as palavras que você desconhece. Em seguida, pesquise o significado delas em um dicionário e escreva-os nas linhas a seguir.

____

____

____

____

____

____

____

____

____

____

____

____

VAMOS ENTENDER!

Vamos relembrar o conceito de concordância verbal?

Concordância verbal é a relação que se estabelece entre o sujeito da oração e o verbo, que pode se flexionar em número (singular e plural) e pessoa (1ª, 2ª e 3ª). Pode ocorrer com o sujeito simples e com o sujeito composto.

- **Sujeito simples**: O professor merece valorização pelo maravilhoso trabalho. (O verbo **merecer** está na 3ª pessoa do singular para concordar com o sujeito simples **O professor**.)
- **Sujeito composto**: Médicos e enfermeiros organizaram uma manifestação. (O verbo **organizar** está na 3ª pessoa do plural para concordar com o sujeito composto **Médicos e enfermeiros**.)

1. Leia as frases a seguir.

> O jornalista realizou a investigação.
> Os jornalistas realizaram a investigação.

a) Qual é o sujeito das orações?

____

____

____

b) Que verbos foram usados nas orações?

____

____

c) Por que houve mudança da flexão do verbo **realizar** do singular para o plural?

____

____

2. Complete as frases, fazendo as adequações necessárias.

a) O documentário foi um sucesso de público.

Os documentários ____________________________.

b) A moça pediu nossa ajuda.

As moças ________________________________.

c) Minha amiga adora comida japonesa.

Minhas amigas _____________________________.

d) O garçom pedirá demissão.

Os garçons _______________________________.

3. Leia a frase a seguir em voz alta.

> João e Pedro discutiram durante o intervalo.

a) Qual é o verbo da oração?

____

____

b) Esse verbo está no plural. Por quê?

- ☐ A oração apresenta dois núcleos do sujeito.
- ☐ O sujeito da oração é simples.
- ☐ A oração apresenta um núcleo do sujeito.

4. Reescreva as frases, substituindo o sujeito pelo pronome indicado. Quando necessário, faça as alterações necessárias. Observe o exemplo.

a) Eu viajarei para São Paulo. (Tu)

Tu viajarás para São Paulo.

b) Ela foi ao médico com o filho. (Eu)

____

c) Tu dormes demais! (Ele)

____

d) Eu comprarei os ingressos para o *show* de *rock*. (Nós)

____

e) Ela está um pouco gripada. (Vocês)

____

f) Nós vamos ao médico amanhã. (Tu)

____

5. Complete as frases com a forma verbal adequada.

a) O laranjal ______________________ adubado hoje. (ser)

b) Alguém ______________________ o estojo na sala. (esquecer)

c) Muitos alunos ______________________ excelentes notas. (tirar)

d) Meus primos ______________________ à minha apresentação teatral. (assistir)

e) Os Estados Unidos ______________________ soja brasileira. (importar)

6. Observe os verbos destacados nas orações a seguir e sublinhe os sujeitos aos quais esses verbos se referem.

a) Nosso filho **participou** da competição esportiva.

b) Joana e eu **faremos** uma pesquisa na biblioteca.

c) O teatro **permanece** em reforma.

d) Todos os professores **estão** em reunião.

e) Os cachorros do sítio **são** amistosos.

f) Os guias de turismo e os visitantes **sofreram** um acidente.

7. Crie frases com os substantivos e os verbos a seguir, fazendo a concordância verbal correta.

Médico | Cuidar

____

Amiga | Voltar

____

Escola | Ter

____

Pai | Dirigir

____

8. Assinale a(s) oração(ões) que apresenta(m) erro de concordância verbal e reescreva-as corretamente no caderno.

- [ ] Existe grandes segredos entre os irmãos.
- [ ] Nós vamos ao *shopping*.
- [ ] Alguém deixou as luzes acesas.
- [ ] Eles estava muito animados com o lançamento do livro.
- [ ] Meus pais ficou muito felizes com minhas notas.

Agora, chegou a vez de relembrarmos o que é concordância nominal.

Há **concordância nominal** quando artigos, adjetivos, locuções adjetivas e pronomes acompanham o substantivo, concordando com ele em gênero (masculino / feminino) e número (singular / plural).

Exemplos: **O** armário **velho**. / **Os** armários **velhos**.

A mesa **retangular**. / **As** mesas **retangulares**.

O adjetivo pode concordar com mais de um substantivo de gêneros diferentes. Observe.

- O adjetivo concorda com o substantivo mais próximo ou fica no masculino plural se o adjetivo estiver depois dos substantivos.
  Exemplo: O garoto e a garota **animada** chegaram ao museu. / O garoto e a garota **animados** chegaram ao museu.
- Se o adjetivo vier antes dos substantivos, deve concordar com o substantivo mais próximo.
  Exemplo: **Organizado** o guarda-roupa e a sapateira, fui preparar o almoço.

9. Identifique, entre as palavras destacadas nas orações a seguir, qual delas é artigo, adjetivo ou substantivo. Veja o exemplo.

a) **Os livros velhos** estão no escritório.

Os – artigo; livros – substantivo; velhos – adjetivo.

b) **Uma jovem brasileira** foi aprovada em três universidades estadunidenses.

____

____

c) Ele entregou **as provas bimestrais** ao professor.

____

____

d) Amanhã, assistiremos a **uma comédia romântica**.

e) **O prestativo senhor** levou as sacolas até o carro do rapaz.

10. Reescreva as frases, passando para o plural os trechos em destaque e fazendo as alterações necessárias.

a) **O aniversariante** ganhou um perfume.

b) Por favor, não quebre **essa taça**.

c) Ela convidou **o amigo** para a festa.

d) Segue anexa **a fatura**.

e) Chamei um táxi para **aquela amável senhora**.

11. Pronomes e locuções adjetivas concordam com o substantivo a que se referem. Observe o exemplo e faça o se pede.

> **Meus** → **professores** ← **de teatro** me incentivaram a participar dos testes para o filme.

- Complete as frases com pronomes e locuções adjetivas dos quadros a seguir.

seu	aquele	esta	nossa	minha

de anjo	de boi	de selos	de pais	de sol

a) ________ carne ________ é muito consumida no mundo.

b) ________ rosto ________ demonstrava tristeza.

c) ________ dia ________ foi muito festivo.

d) ________ reunião ________ foi proveitosa.

e) ________ coleção ________ foi premiada.

12. Faça a concordância nominal correta entre os substantivos das orações e os adjetivos entre parênteses.

a) O rapaz e a moça ________ obtiveram ótimas notas. (estudioso)

b) A casa e a piscina ficaram ________. (perfeito)

c) Os carros e as motos ________ chegaram na concessionária. (novo)

d) Eles levaram para o acampamento barracas e equipamentos ________. (moderno)

e) O livro e o caderno eram muito ________. (pesado)

13. Leia as orações a seguir e indique no caderno quais palavras em destaque são substantivos e quais são verbos.

a) Que **tolice** a sua brigar por algo tão sem importância!

b) Ele quis que eu **desistisse** da vaga de emprego.

c) A **chatice** da menina irritou a mãe.

d) Aquela cena transmitia muita **meiguice**.

e) Queria que o bebê **dormisse** logo.

f) A **velhice** é uma fase em que as pessoas precisam de muita atenção.

g) Não saberia o que fazer se o investigador **descobrisse** as provas do crime.

h) Se você **insistisse** mais, tudo ficaria mais fácil.

14. Utilize a palavra **meio** de forma adequada nas frases a seguir.

a) Ela tomou ____________________ copo de suco.

b) Cláudio bebeu ____________________ garrafa de água.

c) Hoje ela acordou ____________________ cansada.

d) João acordou ____________________ indisposto.

e) Solange comprou ____________________ dúzia de bananas.

15. Passe o parágrafo a seguir para o singular.

Ontem os professores fizeram uma proposta de trabalho muito legal. Nós teríamos de escrever a biografia de um artista de que gostássemos muito. Foi irado! Escolhemos nosso cantor favorito. Para isso, fizemos várias pesquisas na internet. Sabe o que descobrimos? Que ele nasceu aqui na nossa cidade. Não é incrível?!

____

____

____

____

____

VAMOS ESCREVER!

- Que tal escrever a biografia de seu super-herói favorito? Observe as informações que não podem faltar em seu texto.

a) Data e local de nascimento.

b) Características físicas.

c) Superpoderes.

d) Amigos.

e) Rivais.

f) Um feito importante.

Ah, dê asas à imaginação! Se desejar, você pode criar as características do seu personagem. Seu texto dever ser escrito em 3ª pessoa.

____

____

____

____

____

____

____

____

____

____

DIÁRIO DE BORDO

Nestas atividades, você aprendeu:

- o gênero biografia e seus elementos discursivos;
- a concordância verbal e a concordância nominal.

SEQUÊNCIA 13

VAMOS CONVERSAR!

Leia o infográfico a seguir.

SINTOMAS DO DIABETES.
Disponível em: https://br.freepik.com/vetores-gratis/personagem-de-mulher-com-sintomas-de-diabetes-dor-de-cabeca-tontura-fadiga-perda-de-peso-isolada_13693392.htm#query=infogr%C3%A1fico%20diabetes&position=2&from_view=search. Acesso em: 16 mar. 2022.

1. Assinale **V** (verdadeiro) ou **F** (falso) para as informações sobre o infográfico.

- ( ) É composto de textos curtos e objetivos.
- ( ) É composto de textos longos, que trazem opinião sobre um assunto.
- ( ) Alia imagens e textos, visando facilitar a compreensão.
- ( ) É direcionado apenas aos adultos.

2. Qual informação é apresentada no infográfico?

____

____

3. Para que servem as imagens nos infográficos?

____

____

4. De acordo com o infográfico, quais são os sintomas do diabetes?

____

____

____

5. Faça uma pesquisa na internet e identifique as causas que podem levar uma pessoa a desenvolver diabetes, assim como o que é possível para evitar a doença.

____

____

____

____

____

VAMOS ENTENDER!

Vamos relembrar os termos essenciais da oração?

Sujeito é o termo da oração que concorda em número (singular e plural) e pessoa (1ª, 2ª e 3ª) com o verbo e sobre o qual se diz algo.

Predicado é o termo que informa algo sobre o sujeito. Observe o exemplo.

A prova de matemática	estava fácil.
Sujeito	Predicado

O sujeito pode ser classificado em:

Simples. Exemplo: As **crianças** brincam de amarelinha (um núcleo).

Composto. Exemplo: Os **enfermeiros** e os **médicos** prontificaram-se a ajudar (dois ou mais núcleos).

1. Identifique e sublinhe o sujeito de cada oração a seguir, conforme o exemplo.

   a) A nova engenheira iniciará o trabalho amanhã.

   b) Nós fizemos feijoada para o almoço.

   c) Aqueles veterinários cuidaram do gatinho atropelado.

   d) O telefone está com defeito.

   e) Minhas madrinhas de casamento escolheram os próprios vestidos.

   f) O homem dará de presente à esposa uma viagem.

   g) Nenhum aluno faltou à avaliação de português.

   h) Marcelo e Renato são irmãos.

2. Preencha o quadro a seguir, identificando o sujeito e o núcleo do sujeito de cada frase.

a) Eu e meu marido compramos toalhas e lençóis para a casa de praia.

b) Nossos chefes promoverão uma festa de confraternização.

c) Alguns trabalhos domésticos são muito cansativos.

d) Francisco preparou a ração das ovelhas.

e) As líderes comunitárias inauguraram o centro cultural do bairro.

f) Magda e os irmãos recepcionaram os empresários.

Sujeito	Núcleo do sujeito
__________________	__________________
__________________	__________________
__________________	__________________
__________________	__________________
__________________	__________________
__________________	__________________

3. Identifique o(s) sujeito(s) das frases e seu(s) núcleo(s) e informe se o sujeito é simples ou composto. Siga o exemplo.

a) As ruas estavam esburacadas por causa das fortes chuvas.

Sujeito: As ruas; núcleo do sujeito: ruas; sujeito simples.

b) A mochila e a lancheira foram compradas na loja do bairro.

____

____

c) Algumas pousadas e hotéis estão lotados.

____

____

d) Os pequenos comerciantes decidiram montar uma cooperativa.

____

____

e) As emissoras de televisão transmitiram os jogos paralímpicos de 2020.

____

____

4. Geralmente, substantivos e pronomes exercem a função de sujeito. Marque o item em que um pronome ocupa essa função.

- [ ] Carolina foi à biblioteca municipal.
- [ ] Os motoristas do transporte urbano fizeram um protesto.
- [ ] Você não irá ao *show* de *rock*.

5. A posição do sujeito na oração nem sempre é a mesma. Veja o exemplo.

> Eu e a paciente ficamos no corredor do hospital.
> Ficamos, eu e a paciente, no corredor do hospital.

- Reescreva as orações a seguir modificando a posição do sujeito.

a) Os moradores entregaram a carta de reclamação ao prefeito.

____

____

b) Você e sua mãe sentirão saudade do bairro.

____

____

6. Relacione as orações ao tipo de sujeito que apresentam.

I. Sujeito simples **II.** Sujeito composto

( ) Alana ama cuidar dos animais.

( ) Meus parentes e amigos me ajudaram na reforma da casa.

( ) Nós viajamos por todos os estados do Nordeste.

( ) Os mares e rios sofrem com a poluição.

( ) A televisão foi consertada.

( ) Os livros e as pastas estão na gaveta.

( ) Carlos e Manuela são meus melhores amigos.

( ) A professora pediu silêncio aos alunos.

7. Leia o texto a seguir, observe os termos em destaque e faça o que se pede.

Lara chegou da escola muito feliz. **Ela** contou à mãe que a aula fora divertida e que conseguira uma ótima nota na prova. **Sua mãe** sempre ficava contente com o bom humor da filha e até se esquecia um pouco dos problemas que tinha para resolver.

- Reescreva o texto substituindo o sujeito Lara por um sujeito composto. Faça as alterações necessárias.

____

____

____

____

____

____

Vamos a mais uma classificação do sujeito.

Sujeito oculto é aquele que está subentendido, sendo possível identificar pelo contexto da oração.

Exemplo: Procuramos os documentos no escritório. (O sujeito do verbo **procuramos** é o pronome **nós**.)

O **sujeito indeterminado** apresenta-se de duas formas:

- Com o verbo na 3ª pessoa do plural, sem referência a nenhum termo identificado anteriormente.
  Exemplo: Patrocinaram o evento de gastronomia.
- Com o verbo na 3ª pessoa acompanhado do pronome **se** atuando como índice de indeterminação do sujeito e da preposição **de**.
  Exemplo: Precisa-se de manicure.

8. Nas orações a seguir, o sujeito é oculto, isto é, não aparece escrito. Identifique, em cada uma delas, o pronome pessoal ao qual o verbo está se referindo.

a) **Falávamos** sobre nossa infância.

____

b) **Gosto** muito de vitamina de banana e morango.

____

c) **Prefere** ir à escola pela manhã.

____

9. Marque as orações que apresentam sujeito oculto.

☐ Levei meu cachorro para passear hoje.

☐ Eu almoçarei com meus pais.

☐ Ela faz deliciosos doces de caju.

☐ Compramos tijolos e cimento para a reforma do prédio.

10. As orações a seguir apresentam sujeito oculto. Reescreva-as usando um pronome pessoal adequado ao contexto na posição do sujeito. Observe o exemplo.

a) Não visito minha cidade natal há anos.

Eu não visito minha cidade natal há anos.

b) Assistirei ao documentário sobre o coronavírus.

____

c) Passeávamos diariamente na orla.

____

d) Admirava sua determinação!

____

11. Sublinhe as orações que apresentam sujeito indeterminado, com o verbo na 3ª pessoa do plural.

a) Acordaram muito tarde.

b) Os rapazes concluíram o projeto.

c) Esperaram um bom inverno este ano.

d) Meus avós são apaixonados por livros!

12. Na oração **Precisa-se de costureira**, o sujeito é considerado indeterminado porque:

- [ ] apresenta um núcleo.
- [ ] é um sujeito que pode ser identificado na oração.
- [ ] sempre tem dois núcleos.
- [ ] apresenta verbo na 3ª pessoa do singular acompanhado de pronome e preposição.

13. Leia as frases a seguir e indique **SO** para sujeito oculto e **SI** para sujeito indeterminado.

- ( ) Fala-se muito do desmatamento das florestas.
- ( ) Estou muito preocupada com as provas.
- ( ) Quero sorvete de morango.
- ( ) Dormiu-se na casa de campo.

14. Elabore orações, de acordo com o solicitado em cada item.

a) Com sujeito oculto.

____

b) Com sujeito indeterminado e verbo na 3ª pessoa do plural.

____

c) Com sujeito indeterminado e verbo na 3ª pessoa + pronome **se** + preposição **de**.

____

15. Leia as orações a seguir em voz alta.

I. Você está cada dia mais nervoso!
II. Devemos estudar para as avaliações.
III. Joana conseguiu boa pontuação no Enem.
IV. Precisa-se de muita ajuda para levantar esse peso.

a) Em qual oração o sujeito não está explicitamente indicado, mas pode ser identificado pela desinência verbal?

____

b) Em qual das orações **não** é possível determinar o sujeito?

____

16. Pinte de amarelo o predicado das orações a seguir.

a) O guarda municipal ajudou o jovem.

b) Alguns operários se machucaram gravemente.

c) Os avós foram homenageados durante a festa.

d) Ela permaneceu em silêncio!

e) Isto servirá de lição para todos!

f) Nós queremos salada de frutas para a sobremesa.

g) A mochila foi encontrada pelo segurança do supermercado.

17. Sobre a oração **O desmatamento da Floresta Amazônica está fora de controle**, responda oralmente:

a) Qual é o sujeito da oração?

b) Qual é o núcleo desse sujeito?

c) Qual é o predicado da oração?

18. Identifique, nas orações, o sujeito, o núcleo do sujeito e o predicado.

a) O menino saiu apressado da sala de aula.

Sujeito: ______________________________.

Núcleo do sujeito: ______________________________.

Predicado: ______________________________.

b) Os garotos e seus pais foram ao *shopping*.

Sujeito: ______________________________.

Núcleo do sujeito: ______________________________.

Predicado: ______________________________.

c) Tu receberás uma importante missão.

Sujeito: ______________________________.

Núcleo do sujeito: ______________________________.

Predicado: ______________________________.

d) Os surfistas brasileiros ganharam medalhas na olimpíada.

Sujeito: ______________________________.

Núcleo do sujeito: ______________________________.

Predicado: ______________________________.

19. Passe os sujeitos das frases a seguir para o plural e faça as alterações necessárias.

a) Eu gosto muito de alface-americana.

____

b) O guarda chamou minha atenção.

____

c) Meu sapato está apertado.

____

20. Transforme o sujeito simples das orações em sujeito composto e faça as alterações no predicado, quando necessário.

a) Eu fui à festa ontem.

____

b) Minha mãe me chamou para irmos às compras.

____

c) O caderno está novinho.

____

d) Minhas tias fazem aniversário juntas.

____

VAMOS ESCREVER!

- Produza seu próprio infográfico com o tema **Prevenção ao coronavírus**. Para isso, selecione as informações que você utilizará e faça as ilustrações que se relacionem com as informações selecionadas.

DIÁRIO DE BORDO

Nestas atividades, você aprendeu:

- os elementos discursivos do gênero textual infográfico;
- a identificação do sujeito e do predicado;
- a classificação do sujeito em simples, composto, oculto e indeterminado.

SEQUÊNCIA 14

VAMOS CONVERSAR!

Leia o cartum a seguir.

ARIONAURO. Celular amigo. *Arionauro Cartuns*, 17 mar. 2017.
Disponível em: http://www.arionaurocartuns.com.br/2017/03/charge-celular-amigo.html.
Acesso em: 5 jan. 2022.

1. Marque a alternativa que corresponde ao objetivo do cartum.

- [ ] Expor situações de interesse social de forma crítica e com alguns aspectos de humor.
- [ ] Esclarecer cientificamente fatos ocorridos no dia a dia.

2. Qual é a diferença entre os dois personagens do cartum?

____

____

3. O que a diferença entre os dois personagens indica?

____

____

4. Qual é o melhor amigo do homem no segundo quadrinho?

- [ ] Animal.
- [ ] Roupa.
- [ ] Computador.
- [ ] Celular.

5. Qual é a crítica presente nesse cartum?

____

____

____

VAMOS ENTENDER!

Vamos recordar a classe gramatical dos adjetivos e sua classificação. Também recordaremos as flexões quanto ao grau do adjetivo.

> **Adjetivo** é a palavra que caracteriza ou modifica o substantivo, indicando-lhe uma qualidade, um defeito, um estado, uma condição etc.
> Exemplos: Ela é **amável**. / João está **triste**.

1. Leia o texto a seguir e sublinhe os adjetivos.

Era quase noite. Chegara ao chalé sem muita dificuldade, embora a estrada estivesse esburacada em alguns trechos.

O lugar era acolhedor, e os proprietários do local, bem hospitaleiros. Estava cansado da viagem e faminto. Tomou um banho quente e pediu ao serviço de quarto uma saborosa massa italiana para o jantar.

2. Leia os adjetivos em destaque nas frases a seguir. Classifique-os em simples ou compostos.

a) A torcida **rubro-negra** comemorou o título de campeão.

☐ Simples. ☐ Composto.

b) Aquele filme é **encantador**.

☐ Simples. ☐ Composto.

c) Sua ideia para a pesquisa me parece **fenomenal**.

☐ Simples. ☐ Composto.

d) O cabelo do rapaz é **castanho-escuro**.

☐ Simples. ☐ Composto.

3. Assinale se os adjetivos destacados nas frases a seguir são primitivos ou derivados.

a) Este uniforme está **amarelado**.

☐ Primitivo. ☐ Derivado.

b) Como você foi **desleal**!

☐ Primitivo. ☐ Derivado.

c) A médica ficou **satisfeita** com o sucesso da cirurgia.

☐ Primitivo. ☐ Derivado.

d) O avô estava **triste** naquele dia.

☐ Primitivo. ☐ Derivado.

4. Substitua os adjetivos do quadro por locuções adjetivas. Observe o exemplo:

ave noturna – ave da noite.

Adjetivos	Locuções adjetivas
loção capilar	____________________
carne bovina	____________________
azul celestial	____________________
luz solar	____________________
água pluvial	____________________
água fluvial	____________________
amor paterno	____________________
carinho fraterno	____________________

Agora, vamos recordar o grau dos adjetivos.

Quando queremos estabelecer comparações ou intensificar a qualidade dos seres, utilizamos os adjetivos no grau comparativo ou no grau superlativo, respectivamente.

Há três tipos de grau comparativo:

- **Comparativo de igualdade**. Exemplo: Ele é tão amável quanto o irmão.
- **Comparativo de superioridade**. Exemplo: Minhas tarefas estão mais organizadas que as suas.
- **Comparativo de inferioridade**. Exemplo: Você é menos paciente que João.

No caso do grau superlativo, ele pode ser de dois tipos:

- **Absoluto sintético**, quando adicionamos ao adjetivo os sufixos **-ílimo**, **-íssimo**, **-érrimo**, **-imo**. Exemplos: fácil – facílimo; fiel – fidelíssimo; chique – chiquérrimo; magro – magérrimo.

- **Absoluto analítico**, quando adicionamos uma palavra intensificadora, como **muito**, **imensamente**, **intensamente**, entre outras, ao adjetivo. Exemplos: muito difícil; extremamente cansado.

5. Observe o grau do adjetivo presente nas frases a seguir e numere-as corretamente.

I. Grau comparativo de igualdade.

II. Grau comparativo de inferioridade.

III. Grau comparativo de superioridade.

☐ Ana é menos ranzinza que Beto.

☐ O livro é mais interessante que o filme.

☐ Meu novo carro é tão veloz quanto o antigo.

☐ Aquele senhor é tão honesto quanto você.

☐ A cidade de Salvador é mais antiga que São Paulo.

6. Responda às questões, elaborando frases que empreguem o grau do adjetivo indicado nos parênteses.

a) O que é mais interessante: livro ou filme?

(grau comparativo de igualdade)

____

b) O que é mais fácil: andar de bicicleta ou praticar *skate*?

(grau comparativo de superioridade)

____

7. Reescreva as frases, substituindo os adjetivos em destaque pelo superlativo absoluto sintético correspondente.

a) O clima da cidade é **agradável**.

____

b) Ele aparenta ser **calmo**.

____

c) A praça está **lotada**!

____

d) Ela está **magra**.

____

8. Assinale os itens em que há o uso do superlativo absoluto analítico.

- [ ] Meu sobrinho é muito inteligente.
- [ ] A coordenadora está irritadíssima!
- [ ] Você é imensamente habilidoso no atletismo.

9. Complete as frases utilizando o grau superlativo absoluto analítico dos adjetivos entre parênteses. Use palavras intensificadoras como **muito**, **imensamente**, **excessivamente** antes dos adjetivos.

a) A jovem mostrou-se ______________________________ durante a apresentação de ginástica artística. (confiante)

b) Estou ______________________________ por sua colaboração. (grata)

c) Os professores foram ______________________________ com os pais dos alunos. (atenciosos)

Outra classe gramatical que se relaciona aos substantivos é o **pronome**. Observe seu emprego e sua importância para a coesão textual.

Pronomes são palavras que substituem ou acompanham substantivos.

Alguns pronomes retomam expressões ou palavras anteriores; outros fazem referência a algo que será citado logo depois. Por essa razão, eles estabelecem a **coesão textual**, que é a ligação entre os elementos de um texto. Veja:

Davi participou da gincana. Davi foi um dos premiados.

Nesse enunciado, observa-se a repetição do substantivo próprio **Davi**. Se o substituirmos por um pronome pessoal (**ele**), evita-se a repetição desnecessária, e as informações ficam interligadas e mais claras ao leitor. Veja:

Davi participou da gincana. Ele foi um dos premiados.

10. Leia o enunciado a seguir em voz alta.

Os avós são importantes na vida das crianças. Eles transmitem afeto e sabedoria.

a) Há uma palavra destacada na segunda oração. Essa palavra é:

☐ substantivo. ☐ adjetivo. ☐ pronome.

b) **Eles** se refere a qual palavra da primeira oração?

____

____

11. Observe o texto a seguir.

Naquele dia ensolarado, as crianças acordaram cedo porque era dia de excursão da escola. **Elas** estavam ansiosas e contando os minutos para encontrarem os amigos e viverem grandes aventuras durante o passeio à reserva ambiental.

- Nesse texto, a palavra **Elas** faz referência a:

☐ excursão. ☐ escola.

☐ aventuras. ☐ crianças.

12. Leia o texto a seguir.

Lúcia ama viajar. Todo ano, Lúcia conhece algum lugar especial. Lúcia costuma levar os dois sobrinhos, seus companheiros de aventura. Os dois sobrinhos são garotos muito espertos e sempre dispostos a acompanhar Lúcia.

a) Sublinhe as palavras e expressões repetidas no texto.

b) Reescreva o texto, substituindo as palavras e expressões sublinhadas por **pronomes.**

____

____

____

____

13. Sublinhe o **pronome oblíquo** presente em cada frase e indique a que substantivo ele se refere.

a) Pediram cartolinas aos alunos, mas eles esqueceram-nas.

____

b) George colheu muitos cajus e precisa entregá-los na cooperativa.

____

c) Dona Isabel costurou várias máscaras de proteção para vendê-las na praça.

____

d) O menino estava com fortes dores; logo, levaram-no ao hospital.

____

14. Transcreva cada frase, substituindo as expressões destacadas por um **pronome oblíquo**, conforme o exemplo.

> João comprou alguns chocolates. Guarde os chocolates na geladeira.
> João comprou alguns chocolates. Guarde-os na geladeira.

a) O artista chegou. Leve **o artista** ao camarim.

____

____

b) Aquela música é encantadora! Escolheram **aquela música** para a abertura do evento.

____

____

c) Ela é uma jovem prestativa. Convide **a jovem** para tomar um café.

____

____

d) Nosso professor sempre apoia a todos. Precisamos ajudar **o professor**.

____

____

15. Nas frases a seguir, há **pronomes possessivos** empregados para auxiliar a coesão textual. Identifique e sublinhe qual expressão ou palavra os termos destacados retomam.

a) Rebeca e Afonso são pessoas fundamentais na minha vida: **meus** irmãos.

b) Os fãs são muito leais aos **seus** ídolos.

c) Entregaram os livros didáticos aos alunos do 1º ano. Os **nossos** serão entregues amanhã.

d) Comprei maçã, banana e laranja: **minhas** frutas preferidas.

16. Além de retomar algo que foi mencionado antes, os pronomes são empregados para antecipar o que será dito. Observe a frase.

> **Quando decidi morar em outro país, meu melhor amigo disse isto: tenha muito sucesso!**

a) O pronome **isto** se refere a qual expressão da frase?

____

b) Quais outros pronomes há na frase?

____

17. Leia as frases a seguir em voz alta.

> **A cor preferida de Camila é esta: vermelho.**
> **Prefiro isto: viajar para cidades praianas, como Ubatuba.**

a) Identifique o pronome utilizado em cada frase.

____

____

b) Qual é a função dos pronomes que você identificou?

- [ ] Retomar um termo ou uma palavra citada anteriormente.
- [ ] Referir-se a um termo ou a uma palavra que será citada na sequência.

c) Quais são os adjetivos presentes nas frases?

____

____

d) Reescreva as frases, substituindo os adjetivos.

____

____

18. Observe mais um cartum de Arionauro.

ARIONAURO CARTUNS

ARIONAURO. Matando a fome. *Arionauro Cartuns*, 6 abr. 2016. Disponível em: http://www.arionaurocartuns.com.br/search/label/cartuns. Acesso em: 5 jan. 2022.

- Nos quadros a seguir, foram registrados substantivos, adjetivos e locuções adjetivas que se relacionam ao cartum. Associe cada adjetivo ou locução adjetiva a um substantivo, com base no que você percebeu sobre o cartum.

água pneu peixes garrafas latas sacos

velho de lixo de plástico enferrujadas poluída sufocados

____

____

VAMOS ESCREVER!

1. Que tal criar um segundo quadrinho para o cartum do Arionauro, apresentado na atividade 18?
Desenhe uma cena em que a natureza é respeitada.

2. No caderno, acrescente adjetivos aos substantivos a seguir, formando novos pares de palavras que expressem a nova realidade representada por você.

água plantas animais rio peixes

DIÁRIO DE BORDO

Nestas atividades, você estudou:

- os elementos discursivos do gênero textual cartum;
- o adjetivo e o grau do adjetivo;
- o pronome e a coesão textual.